세상 모든 글쓰기
그림책 쓰기

모두의 첫 책,
그림책 창작하기

그림책 쓰기

이상희 지음

세상 모든 글쓰기

———

개정증보판

들어가는 말

나는 어릴 때부터 책에 빠져 살았다. 책 다음으로 좋아하는 것이 그림 구경인데, 마감 닥친 전시회를 놓치지 않으려고 이런저런 편집 회의를 미술관에서 하기도 한다. 연극이며 음악 연주회 같은 공연 관람도 무척 즐긴다. 언젠가 최신 뉴욕 희곡을, 그것도 내가 좋아하는 배우가 공연하는 날, 딱 공연 시간에 댈 만큼의 시간을 남겨놓고 고속도로를 달리는데 갑자기 자동차가 멈추고 말았다. 토요일 오후, 모든 업무가 끝난 시각이었으나 목숨이 걸린 중대사를 치르러 가야 한다며 보험회사와 카센터 직원들을 졸랐다. 그런데 견인차 조수석에 앉아 달리면서 생각하니, 그것은 결코 거짓말이 아니었다. 그 연극을 못 보면 정말 죽을 것만 같았다.

내 앞에 그림책이 '출현'한 지 30년이 좀 못 되었다. 딸이 다섯 살배기였을 때 함께 읽을 책을 찾아 헤매면서 그림책을 만났고 그 무렵 운 좋게 외국 그림책 번역을 시작했다. 그때부터 지금까지 변함없는 기쁨이라면 멋진 그림책을 펼쳐 들었다가 뒤표지를 덮을 때의 감탄지경이다. 내가 읽고자 하는 것, 내가 보고자 하는 것, 심지어 내가 듣고자 하는 모든 것이 그림책 하나에 담겨 입을 다물지 못하게 한다. 언젠가 공연장으로 전시장으로 달려갈 수 없는 노쇠에 이른다 해도 그림책만 있으면 얼마든지 견딜 수 있으리라! 그림책에 대한 이러한 감흥과 감탄을 나누고 싶어 그림책 전문 도서관을 열었고, 가방 그득히 그림책을 담아 끌고서 하루가 꼬박 걸리는 먼 도시로 강연 여행을 다녔으며, 눈이 쑥 들어가게 고달픈 그림책 워크숍을 진행해왔다.

이 책은 그림책 글을 쓰려는 이들을 위해 시작되었다. 20년 넘게 그림책 화가들과 작가들, 도서관 자원활동가들을 대상으로 그림책 워크숍을 진행하면서 쌓인 현장 경험과 그를 위해 읽고 모은 참고 도서 및 자료 카드를 풀어썼다. 누구든지 혼자서도 그림책을 위한 글쓰기를 해볼 수 있도록 실제 워크숍 과정도 담았다. 그리고 나의 강의·강연·워크숍에서처럼 이 책에서도 '훌륭한 그림책' 소개와 감상에 상당한 지면을 할애했다. 훌륭한 그림책을 덮을 때 동하는 열정이야말로 순도 높은 창작 에너지가 되기 때문이다.

차례

들어가는 말 4

1장 그림책이란?

그림책이 걸어온 길 11
그림책의 기원과 발달 11 | 우리 그림책의 성장 15

그림책은 글과 그림의 조화로운 예술이다 19
그림책의 속성 19

그림책의 특성 23
내용적 특성 23 | 구성적 특성 29 | 구조적 특성 33 | 물성적 특성 35

그림책의 종류 40
내용에 따른 분류 40 | 제작 형태에 따른 분류 46

그림책이 지닌 힘과 가치 50

2장 그림책 글쓰기 준비

그림책 글 작가의 자질 55

그림책 글 작가의 태도 58
명작 그림책을 섭렵하라 58 | 어린이와 어린이의 세계를 이해하려고 노력하라 60 | 그림을 공부하라 63

그림책, 몸으로 익히기 74

16장면 더미 만들기 75 | 면지와 표지가 있는 더미 만들기 76 | 그림책 글 베껴 쓰기 76 | 그림책 그림 모사하기 77 | 스토리보드와 섬네일 더미 만들기 79

그림책 글감 아이디어 모으기 80

그림책 만들기 관련 용어 84

3장 실전 그림책 글쓰기

그림책 글쓰기의 실전 훈련 91

옛이야기로 그림책 글/더미 만들기 94

옛이야기와 그림책 94 | 옛이야기의 특질과 어법 100 | 옛이야기로 그림책 글/더미 만들기 110

시로 그림책 글/더미 만들기 130

시와 그림책 130 | 시의 특질 131 | 시로 그림책 글/더미 만들기 141

창작 그림책 글/더미 만들기 151

구성의 원칙 151 | 문장의 원칙 152 | 내 이야기로 그림책 글/더미 만들기 158 | 줄거리 뭉치기 171 | 그림책 글 구성의 여러 가지 182 | 글과 그림의 이중주 186 | 화법에 관하여 190

나가는 말 199
참고 문헌 202

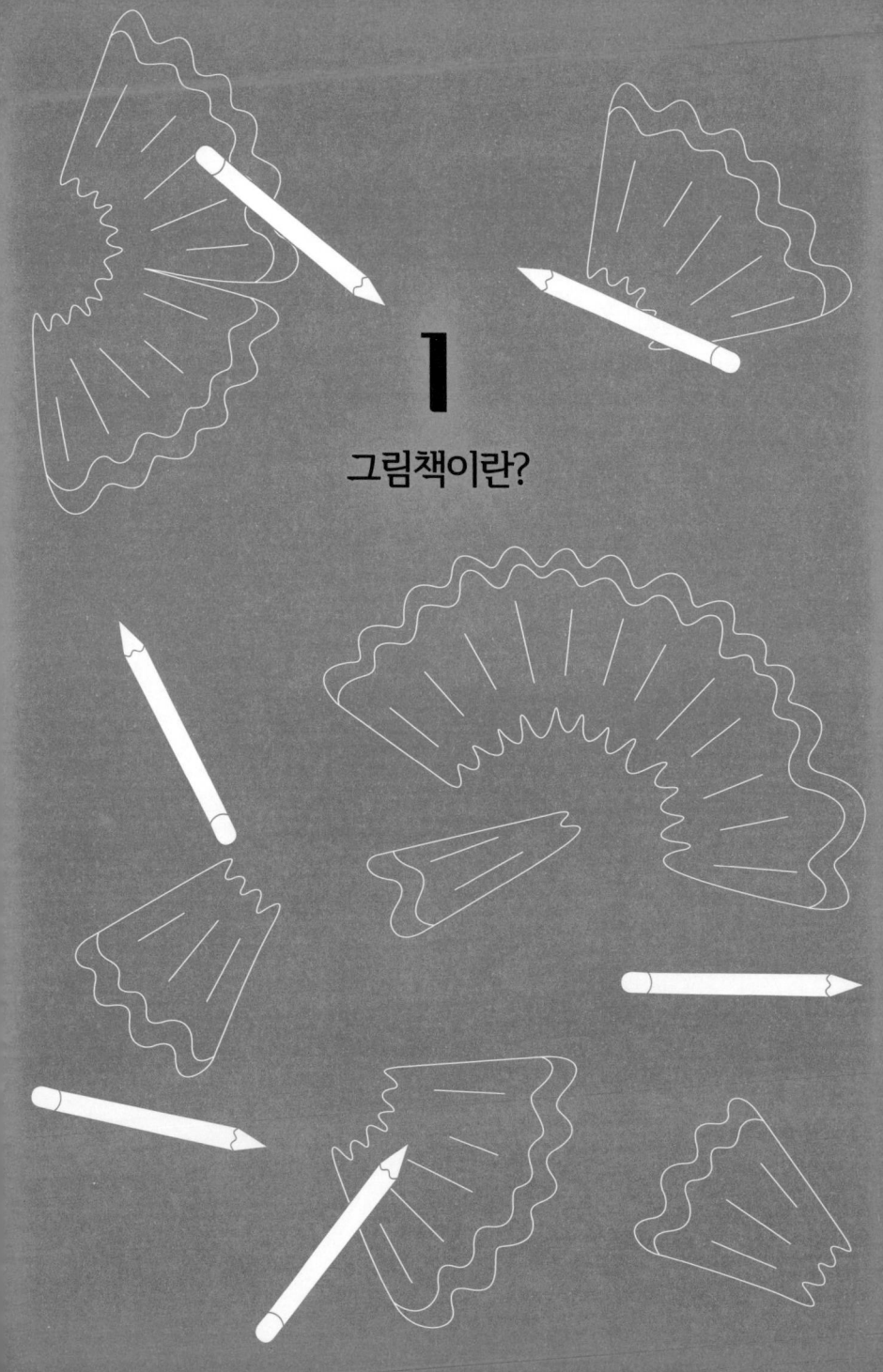

1

그림책이란?

그림책이 걸어온 길

고전으로 남은 그림책에는, 그 이야기 속에 깃든 어린이에 대한 '해석'이 시대를 뛰어넘는 보편성을 지니고 있다. _사사키 히로꼬

그림책의 기원과 발달

그림책은 언제 어디에서 어떻게 시작되고 발달하여 지금과 같은 형태로 진화하고 정형화되었을까? 간략하게 살펴보자. 이런저런 소망 또는 정보를 담은 기호와 그림들이 새겨진 원시 동굴 벽화를 그림책의 기원으로 삼는 이론가도 있지만, 대개는 15세기 무렵 유럽에서 등장한 그림 모음 책을 그 시초로 본다. 그것은 어른 문맹자를 전도하고 교육하기 위해 성경이나 불경을 그림으로 풀어서 그리고, 그림 아래쪽에 글 한두 줄을 곁들인 낱장 인쇄물을 모아 엮은 것이다. 이후에 등장한 혼북Hornbook 또한 그림책의 발

달사 앞쪽에서 자주 언급되는데, 손잡이 달린 참나무 판자에 알파벳이나 숫자·주기도문이 쓰인 종이를 덧붙여 보호 장치를 곁들이고 판자의 다른 쪽에 그에 관련된 그림을 새긴 것이다.

'그림책의 아버지' '근대 교육학의 선구자' 코메니우스가 교육철학자로서의 전 생애 경험을 바탕으로 66세(1658년)에 『오르비스 픽투스Orbis Sensualium Pictus』(국내에는 『세계 최초의 그림교과서』로 출간되었다)를 펴냈을 때는 과학혁명이 시작되어 뉴턴이 만유인력의 법칙을 발견하기 직전이었고, 조선이 청나라에 의한 질곡과 시련에 처해 있던 시점이었다. 이 책은 괴테가 '어린 시절 즐겨 읽었던 단 한 권의 책'이라고 칭송했던 대로 어린이가 자연과 사물에 대한 민감한 시각과 지식 정보를 갖도록 훌륭한 목판 그림과 시적인 글을 공들여 엮었다.

17, 18세기에 유럽 전체를 휩쓸며 인기를 끌었던 손바닥 크기 팸플릿 형태의 조악한 인쇄물 챕북Chap Book 또한 그림책의 초기 형태라고 할 수 있다. 그러나 어린이 독자를 고려하여 제작되기 시작한 것은 19세기에 들어서였고, 처음에는 서민들의 오락

거리였다. 1845년 독일에서 출간된 그림책 『더벅머리 페터』(하인리히 호프만 폰 팔러슬레벤)에 이르러서야 오롯이 어린이를 위한 책이 등장한 셈인데, 정신과 의사 하인리히 호프만이 아들에게 선물하기 위해 직접 글을 쓰고 그림을 그린 것이었다. 그러나 역시 어린 독자의 감흥을 위해서라기보다는 아이가 올바르게 행동하기를 바라는 어른의 목표에 집중했다. 「못된 짓만 하는 아이 이야기」, 「불장난하는 아이 이야기」, 「새까매진 아이 이야기」, 「미련한 사냥꾼 이야기」, 「엄지손가락 빠는 아이 이야기」, 「먹지 않는 아이 이야기」, 「가만히 있지 못하는 아이 이야기」, 「하늘만 보며 걷는 아이 이야기」, 「하늘로 날아간 아이 이야기」 등 9편의 에피소드와 그림은 지금 보아도 극단적이고 잔혹하다.

영국 3대 그림책 작가 월터 크레인Walter Clane · 케이트 그린어웨이Kate Greenaway · 랜돌프 칼데콧Randolph Caldecott의 등장에 힘입어 성장과 발달을 거듭한 그림책은 1902년에 이르러 『피터 래빗 이야기』(베아트릭스 포터)가 나오면서 그 전성기를 열게 된다. 이 아름답고 조그만 그림책은 이야기다운 이야기와 우아한 사실 그림으로 동료 작가들뿐 아니라 미국 출판계를 자극하는 계기가 되

었다.

  1930년대 완다 가그와 버지니아 리 버튼과 로버트 맥클로스키의 '이야기 그림책' 시대를 지나, 1963년 모리스 샌닥이 아이들의 거칠고도 순수한 마음을 솔직하게 그려낸 『괴물들이 사는 나라』를 내놓으면서 마침내 현대 그림책 시대가 열리게 되었다.

  늑대로 변장한 채 온갖 몹쓸 소동을 벌이는 맥스에게 엄마가 "이 괴물딱지 같은 녀석!"이라고 소리쳤을 때, 맥스가 "그럼, 내가 (괴물이니) 엄마를 잡아먹어 버릴 거야!"라고 대꾸하는 장면은 당시 어른들에게 대단한 반감을 샀다. 그러나 못된 대답에 대한 벌로 저녁밥도 못 먹고 방에 갇힌 맥스가 괴물들의 세상으로 건너가 왕이 되어 신나게 놀다 돌아온 이 이야기는 어른들의 질책과 상관없이 어린 독자들의 열렬한 지지를 받았다.

  현대 그림책은 주로 영미권 작가들과 유럽 작가들에 의해 발전했다. 대표적인 영미권 작가로는 토미 웅거러Tomi Ungere, 바버러 쿠니Barbara Cooney, 에즈라 잭 키츠Ezra Jack Keats, 윌리엄 스타이그William Steig, 에릭 칼Eric Carle, 존 버닝햄John Burningham, 찰스 키핑Charles Keeping, 팻 허친스Pat Hutchins, 브라이언 와일드스미스Brian Wildsmith, 앤서니 브라운Anthony Browne, 레이먼드 브릭스Raymond Briggs 등이 손꼽힌다. 유럽 작가들로는 장 드 브루노프Jean de Brunhoff, 루드비히 베멀먼즈Ludwig Bemelmans, 가브리엘 뱅상Gabrielle Vincent, 클로드 부종Claude

Boujon, 유리 슐레비츠Uri Shulevitz, 펠릭스 호프만Felix Hoffmann, 요르크 뮐러Joerg Mueller, 피터 시스Peter Sis, 크베타 파코프스카Kveta Pacovska, 마르쿠스 피스터Marcus Pfister, 코키 폴Korky Paul, 레오 리오니LEO Lionni 등이 있다.

한편 초 신타Shinta Cho, 안노 미쯔마사Mitsumasa Anno, 아카바 수에키치Suekichi Akaba, 야시마 타로Taro Yashima, 다시마 세이조Seizo Tashima, 사노 요코Yoko Sano, 하야시 아키코Akiko Hayashi, 고미 타로Taro Gomi 등의 일본 작가들과 에드 영Ed Young 같은 중국계 미국 작가도 개성적인 그림책을 내놓았으며, 포스트모던 그림책으로 분류되는 크리스 반 알스버그Chris Van Allasburg, 데이비드 위즈너David Wiesner, 레인 스미스Lane Smith의 작품들은 새롭고 실험적인 서사 형식으로 그림책 마니아 독자들을 사로잡는다.

우리 그림책의 성장

우리 그림책의 기원은 무엇일까? 선비들이 저마다 개성적인 필법으로 시를 짓고 그림을 그려서 완성하는 시서화詩書畵도 떠오르지만, 대개 유교의 생활윤리 '삼강오륜'을 그림 이야기로 풀어낸 『삼강행실도』를 손꼽는다. 아이가 등장하는 점, 감상 대상이자 교화 대상 독자로서 아이들을 염두에 두고 있는 점을 감안하면 『삼강행실도』가 훨씬 그림책에 가깝다고 할 수 있겠다.

　우리네 서가에 그림책다운 그림책이 꽂히기 시작한 것은 1980년대, 컬러인쇄가 대중화된 시점이자 아직 글을 깨우치기 전의 유아를 위한 책이 쏟아져 나온 시점이었다. 어린이책이 고급화되면서 외국 그림책 전집 출간이 활발해지던 참이었다. 1988년 우리 창작 그림책 『백두산 이야기』(류재수)가 3년이 넘는 시간과 수백 장 스케치의 공력 끝에 6도 인쇄 기술로 출간된 데 이어, 어린이책 전문 출판사와 어린이책 전문 기획 집단이 등장했다. 또한 성인 도서 출판사들이 잇달아 어린이책 전문 자회사를 내고, 어린이책 전문 서점과 작은 도서관 및 자발적인 어린이책 연구운동이 생겨나면서 그림책 확산을 북돋웠다.

　그로부터 다시 10년쯤 지나 영미권의 뛰어난 그림책 명작 세례를 받고 놀라며 감탄한 작가와 기획자·편집자들이 우리 그림책 특히 단행본 그림책 창작에 열정을 보이기 시작한다. 어린이책 전문 서점과 출판사, 작가 집단 및 개인 아카데미에서 다양한 형태의 그림책 워크숍이 열리는 한편, 편집자·기획자·작가들이 동호지 형식의 그림책 연구 지면을 마련해 창작 그림책 제작에서 겪었던 시행착오와 의문을 적극적으로 해결하려 애쓴다.

　바로 그 즈음 해외 그림책 출판계에 우리 그림책 창작의 활기가 알려지고, 우리 그림책이 명망 있는 상을 받으면서 저작권 수출의 물꼬가 트이기 시작했다. 이런 고무적인 분위기에 힘입어 어린이책 전문 잡지들 또한 그동안 홀대해왔던 그림책을 책머리 담론과 좌담의 주제로 거론한다. 우리 창작 그림책이 꾸준히 발전하고 있으며 다양한 표현 양식을 탐구하는 중이라는 전제 하에 좋은 그림책이 나오기 위해서는 역량 있는 그림책 글 작가 발굴에 주력해야 한다는 것, 그를 위해 수준 높은 그림책 비평이 필요하며 무엇보다 작가·편집자·비평가 등 그림책 출판 생태계 구성원들이 그림책 장르에 대한 깊은 공부가 선행되어야 한다는 것, 번역 그림책의 무분별한 수입을 반성하고 우리 그림책 창작 출판에 힘을 기울여야 한다는 것, 훌륭한 외국 그림책에 감탄하는 데서 나아가 모범으로 활용해야 한다는 것, 우리 아이들이 좋아하는 소재를 찾고 이 땅의 삶을 즐겁게 이야기할 수 있는 그림책이 필요하다는 것 등 이때 도출된 반성적 모색은 오늘날 우리 그림책 현실에도 변함없이 유효하다.

흥미로운 것은 우리보다 먼저 외국 그림책을 수입하여 창작 열기에 휩싸였던 일본의 그림책 출판계에도 초기에는 이와 흡사한 반성적 모색이 있었다는 사실이다. 마쯔모토 다케시는 『그림책론』(1981)에서 "그림책이 함부로 만들어지기 시작하고, 테마가 발효되지도 않고 반죽도 충분히 되지 않은 그림책들이 속속 출판되는" 현실을 짚으며 "아마도 가장 큰 문제는 아이디어만 앞서고 있다는 것일 테다. 아이디어가 생기고 결말이 정해지면면 페이지를 채워가는 그림을 그리기만 하면 된다는 그림책 제작 방식이 너무 많은 것 같다. 그런 결과로 어떻게 책이 만들어지겠는가?"라고 개탄했다. 또한 "인간에 대한 얄팍한 묘사, 자연을 포착하는 방법의 빈약함, 사물을 포착하는 방식이 싫증날 정도로 눈에 걸려, 대충대충 그림책의 페이지를 넘겨버리면 두 번 다시 펼치고 싶지 않을 것 같은 그림책이 가득한 것이다."라고 한탄하고 있다.

아마도 이러한 실망과 우려는 그림책 발달 과정에서 필연적으로 맞닥뜨리게 되는 성찰인 듯싶다.

그림책은 글과 그림의
조화로운 예술이다

그림책은 글과 그림의 행복한 결혼이다.　　　　　　　　　_페리 노들먼

그림책의 속성

그림책은 책이다. 그런데 그림과 글로 이루어진 책이다. 글만으로 이루어진 책과 무엇이 다를까? 지금껏 최소 50쇄 이상 거듭 출간되었다는 『백만 마리 고양이』(완다 가그)는 그림책 역사상 처음으로 '그림으로 이야기하기'를 보여준 작품으로 알려져 있다. 이 그림책의 그림과 글을 따로따로 감상해보자. 그림만 감상해서는 어째서 이런 광경이 펼쳐졌는지 그 연유를 알 수 없다.

또한 글만 읽어서는 한 번도 본 적 없는 '수백 마리, 수천 마리, 수백만 마리, 수억 마리 고양이'를 또렷이 떠올리기 힘들다.

할아버지는 할머니에게 보여줄 예쁜 고양이들을 데리고, 서늘한 골짜기를 몇 개 지나고 뙤약볕이 내리쬐는 언덕을 몇 개 넘고 넘어 집으로 향했어요. 수백 마리, 수천 마리, 수백만 마리, 수억 마리 고양이들이 할아버지 뒤를 졸졸 따라오는 광경은 정말 우스꽝스러웠어요.

_완다 가그, 강무환 옮김, 『백만 마리 고양이』, 시공주니어

 선험적 정보가 없는 상상은 모래로 짓는 집이다. 작가가 그려 낸 엄청난 숫자의 고양이 그림을 보고서야 '수백 마리, 수천 마리, 수백만 마리, 수억 마리 고양이들'이 할아버지를 졸졸 따라오는 풍경을 강렬하게 실감할 수 있다. 그리하여, 이제 저 많은 고양이들이 어떻게 될 것인가를 궁금해 하고 기대하면서 더욱 적극적으로 이야기 속에 빠져들게 되는 것이다.
 『괴물들이 사는 나라』(모리스 샌닥)는 위에서 따져본 그림책의 속성이 최대로 구현된 그림책이다. 글만으로 이해할 수 없고, 그

림만으로도 이해할 수 없다. 글과 그림을 함께 읽어야만 온전히 이야기를 즐길 수 있는 이 그림책은 현대 그림책 시대를 연 기념비적 작품으로 꼽힌다.

그림책 편집자 엘렌 로버츠는 "작가는 그림을 통해서 독자의 이야기를 깊이 이해하게 만들거나, 그림을 생략하여 이야기의 일부분을 독자의 상상력에 맡기는 요술을 부리지 않으면 안 된다. 무엇을 그림으로 표현하고, 무엇을 독자의 상상에 맡길지에 대한 균형을 생각해야 한다. 그림책 작가는 그 균형에 작가의 생명을 걸어야 하며, 여기에서 작가의 개성이 드러난다."라며 그림의 중요성을 역설했다.

따라서 그림책은 글 작가나 그림 작가보다 글과 그림을 동시에 구사하는 작가에게 유리하다고 할 수 있겠다. 그러나 유리하다뿐이지 완성도 높은 그림책 한 권을 만들기 위한 자질과 역량은 2인분 이상이라 할 만하다. 그림책 독자 또한 까다롭기 짝이 없다. 즐겁거나 흥미롭지 않으면 금세 책을 덮어버리는 어린이 독자, 그런 아이를 위해 책을 고르지만 자신의 취향과 교육적 목적에 부합해야만 지갑을 열고 구매하는 어른 소비자, 세련된 문학적 감동과 미감을 얻고자 하는 그림책 마니아……. 이 모두를 만족시킬 만큼 글도 그림도 매력적이어야 하는 것이다.

고전이요 명작으로 분류되는 그림책을 살펴보자.

『모두 행복한 날』(루스 크라우스 글, 마르크 시몽 그림)에서는 겨

울잠에 빠져 있던 숲속 동물들이 저마다 향기로운 봄기운에 깨어나 코를 킁킁거리며 모여든다. 그러다 눈 속에 등장한 봄의 전령, 노란 꽃을 발견하고 감탄하며 놀라워한다. 마르크 시몽은 커다란 판형의 광활한 여백을 눈 덮인 숲 배경으로 활용하고, 등장 동물들을 검은색 한 가지로 표현해 겨울 숲의 분위기를 한껏 살려낸다. 전체 14장면(장면은 이야기와 그림 이미지가 그려진 면을 말한다. 그림책은 대개 16장면 32페이지로 이루어진다) 중 13장면을 그러한 흑백 그림으로 이어가다가 14번째 마지막 장면에서 쬐그만 노란 꽃 한 송이를 보여주며 봄의 시작을 눈부시게 점찍는다. 절제된 색채로 연출된 그림 장면들은 봄을 노래하는 시 한 편만큼이나 강렬한 시각적·후각적 인상을 남긴다.

　글과 그림 둘 중 어느 한 가지로만 이렇게 멋진 공감각을 누리기는 불가능할 것이다. 그림책의 이러한 속성은 무엇보다 주요 독자가 '어린이'라는 점과 관련이 깊다. 글 읽기가 가능하지 않거나 일부 가능한 어린이, 글 읽기와 그림 읽기 둘 다 가능한 어린이, 이 모두가 그림책의 주요 독자들이라는 점을 잊지 말자.

그림책의 특성

> 그림책에서 글은 그림을 반복하지 않으며, 그림도 글을 반복하지 않는다.
> 글과 그림은 대위적 관계로서 서로를 보완하고 완성한다.   _유리 슐레비츠

내용적 특성: 전 세대에게 공감을 주고, 공유될 수 있는 책

그림책은 참으로 복잡다단한 특성을 지니고 있다. 몇 가지만 예를 들어보자. 그림책을 읽어주는 어른과 보고 듣는 어린이를 포함한 세상 모든 어린이·교사·부모가 포함된 0세부터 100세의 전 세대가 독자라는 점, 바로 그 전 세대의 다양한 독자를 만족시키는 완성도 높은 예술품을 지향한다는 점, 어린이의 첫 책이자 노인의 마지막 책으로서 진정성과 품격을 갖춰야 한다는 점, 자칫 유아용품이나 교육 학습 도구 또는 서점 판매대에서 순식간에 읽어치워도 되는 오락물로 오해받는 위기를 벗어나 한번 훑

어보아도 흥미롭지만 읽고 또 읽는 장서요 예술품으로 구매하고 소장할 만큼 매력적이어야 한다는 점, 물성적 양에 비해 제작 기간과 비용이 엄청나게 소요된다는 점……. 그림책 독자는 이런 특성 덕분에 행복하지만, 그림책 작가는 어떤 예술가 못지않게 고뇌에 빠진다. 그림책의 대가 모리스 샌닥마저도 그림책 만들기는 '환장하게 어려운' 일이라고 한숨 쉬곤 했다.

그림책은 어린이의 즐거움을 위해 만들어지는 책이다. 그러나 어린이책childrenbooks 장르를 훌쩍 뛰어넘는다. 다음은 『부엉이와 보름달』(제인 욜런 글, 존 쉰헤르 그림)의 한 장면 글이다.

> 목초지 끄트머리
> 나무 꼭대기에서 들리던
> 부엉이 소리가 가까워졌습니다.
> 목초지에서는 아무것도 움직이지 않았습니다.
> 그때에 갑자기
> 부엉이 그림자 하나가
> 커다란 나무 그림자에서 떨어져 나와
> 하늘로 솟아오르더니
> 우리 머리 위로 날아갔습니다.
> 우리는 말없이 지켜보았습니다.
> 입 안에 열기가 가득히 담겨서

할 말이 가득히 열기가 되어서
우리는 아무 말도 하지 못했습니다.
부엉이 그림자가 다시 부엉부엉 울었습니다.

_제인 욜런 글, 존 쇤헤르 그림, 『부엉이와 보름달』, 시공주니어

이 글에서 '우리'는 대여섯 살쯤 되는 여자아이와 그 아빠이다. 추위와 두려움을 무릅쓰고 한밤중 겨울 숲속으로 부엉이 구경을 나간 주인공 아이가 마침내 부엉이의 존재를 확인하는 장면에서 아빠와 자신을 중대한 체험을 함께하는 '우리'로 인식하듯, 그림책의 감동 또한 보고 듣고 읽는 아이와 선택하고 읽어주고 보여주는 어른이 공감·공유하는 것을 최선의 목표로 삼는다.

그렇다고 해서 보고 듣는 아이와 읽어주는 어른만이 독자일 리는 없다. 어느 가정의 어머니가 세 살배기와 초등생 아이, 대학생 이모와 아이들 할머니가 함께 있는 공간에서 이 그림책을 읽는다고 하자. 세 살배기는 내용을 이해하지 못하는 대신 그림 장면 속에 숨어 있는 동물 찾기(장면 그림 곳곳에 동물들이 숨어 있다)를 즐기면서 그림책 앞에 온 가족이 둘러앉은 행복감을 자기도 모르는 사이에 기억 속 깊이 담아둘 것이다. 초등생 아이는 자기

또래 주인공 아이와 동일시 체험을 누리며 이야기에 빠져들 것이고, 대학생 이모는 자기가 알고 있는 부엉이에 대한 여러 가지 지식 정보와 함께 어린 시절 겨울 숲과 관련된 체험을 기억해내면서 시적인 글과 수채 그림의 아름다움을 즐길 것이다. 그림책을 읽는 어머니는 아이와 함께 경험했던 유사 체험을 떠올리거나 다가오는 겨울에 부엉이 구경을 계획할지도 모른다. 아이들의 할머니는 오래 전 부엉이를 마주쳤던 경험을 떠올리거나 자신이 아닌 누군가에게서 들었던 부엉이와 관련된 이야기를 떠올리며 일찍이 당신이 누리지 못했던 새롭고 멋진 이야기와 그림에 놀라워할 것이다.

그림책의 독자는 0세부터 100세, 전 세대이다. 그림책 명작을 감상해본 사람이라면 누구나 이것이 아이들 취향의 그림과 글을 담은 책이 아니라는 데 놀란다. 유아에서부터 노인에 이르기까지, 전 세대가 함께 공유하고 즐길 수 있는 '시와 그림으로 이루어진 예술 도서'라는 데 저절로 동의하게 되는 것이다. '할아버지가 읽었던 그림책!' 세계적인 온라인서점 아마존닷컴의 그림책 광고에는 흔히 이런 문구가 곁들여져 있다. 또한 일본에서는 그림책 작가의 신간 기념 사인회에 노인들이 줄을 선다. 손자와 손녀에게 그림책을 선물하려는 할머니와 할아버지들이 아니라 어릴 때부터 그림책을 즐겨온 그림책 독자들이다.

아이들에게, 또 청소년이나 중·장년 세대에게, 집안 어르신들에게 그림책을 읽어준 일이 있는가? 한 번이라도 그런 경험이 있다면 그림책이 유아에게는 유아의 시각에 알맞은 기쁨과 흥미를 주고, 어린이와 청소년과 청장년과 노인 각각의 세대는 살아오면서 겪은 경험치만큼 다른 층위의 감동을 준다는 것을 깨닫게 될 것이다. 그림책의 특성을 가장 뚜렷이 경험하려면 어린이에게 그림책을 읽어주자.

『뛰어라 메뚜기』(다시마 세이조)를 이런저런 자리에서 적어도 백 번은 넘게 읽었을 즈음, 우리 패랭이꽃 그림책버스에 온 어린이집 아이들에게 또 한 번 그것을 읽어주었을 때의 일이다. 맨 마지막 판권 페이지를 막 넘기려는데 "아하, 여자 메뚜기랑 결혼했네!"라고 한 아이가 소리쳤다. 무슨 말인가 싶어 넘기려던 페이지를 새삼스레 들여다봤더니, 주인공 메뚜기가 분홍빛 메뚜기와 나란히 머리를 맞대고 있는 조각 그림이 눈에 띄었다. 세상에, 지금껏 그저 판권 페이지를 장식하기 위한 조각 그림이라고 생각해왔던 것이, 새로운 세상으로 날아간 주인공 메뚜기가 어떻게 되었는지를 암시하는 후일담이었다는 것을 그제야 안 것이다.

그렇다. 그림책은 보고 듣는 아이와 보면서 읽어주는 어른이

제각기 자기 경험치대로 즐기면서, 또한 서로의 반응에 의해 추가된 즐거움과 정보를 교감함으로써, 더욱 완벽하고 풍요로운 감상을 누리게 되는 책이다. 그에 더해 어린이 독자가 특별히 몰입하는 지점, 그다음 이야기가 어떻게 될 것인지 안달하는 장면, 주인공의 처지나 심정에 흐뭇하게 공감하고 찡하게 반응하느라 머뭇거리는 장면 등을 또렷이 목격할 수 있다. 그림책 작가라면 '아이와 함께 그림책 읽기'는 중요한 경험이 될 수밖에 없다.

어른에게도 그림책을 읽어주자. '아이들이 읽는 책인데'라고 여겼다가 뜻밖의 감동에 휩싸이는 이를 보는 기쁨은 그림책 글을 쓰는 데 좋은 자극이 된다. 내게는 그런 경험이 수없이 많다. '어떻게 하면 어린이에게 그림책을 잘 읽어줄 것인가?' '어린이와 그림책' 등을 주제로 부모 및 교사 대상 강연을 마치고 나면, 내가 읽어준 그림책이 다름 아닌 자신의 어린 시절을 돌이켜보게 하거나, 자기 삶을 새로이 해석하는 뜻밖의 기회가 되었다는

소감을 자주 듣는다. 이처럼 그림책에 눈뜬 어른들로부터 병든 어머니에게 『엄마 마중』(이태준 글, 김동성 그림)을 읽어드리면서 해묵은 갈등을 녹이는 대화가 시작됐다거나, 갑자기 일자리를 잃은 남편에게 『뛰어라 메

뚜기』를 읽어주는데 눈물을 쏟으며 몰입하는 바람에 무척 놀랐다는 등의 경험담을 듣곤 한다. 강연에서 만났던 청중 한 사람으로부터 "병원에서 친정아버지가 임종을 앞두고 있는데 어떤 그림책을 읽어드리면 좋을까요?"라는 한밤중 전화를 받기도 한다.

사춘기의 혼돈에 휘둘리는 청소년기 아이에게도, 입시 부담감에 짓눌려 폭탄처럼 아슬아슬한 시간을 견디는 고3 수험생에게도, 불투명한 미래를 걱정하는 대학생에게도 그림책을 읽어주자. 안정감 없이 흔들리던 눈길이 잠깐이나마 차분해지고 부드러워지는 것을 보게 될 것이다. 읽어주는 그 자체로도 즐겁고 보람된 일일 뿐 아니라 어떤 그림책이 어떤 반응을 일으키는지도 알게 된다.

구성적 특성: 글과 그림으로 이야기하는 책

'글과 그림으로 이야기하기'는 '글로만 이야기하기' 또는 '그림으로만 이야기하기'와 어떻게 다를까? 우선 그림책 글쓰기부터가 어떤 글쓰기와도 다르다는 것을, 그것도 아주 크게 다르다는 것을, 마음 깊이 단단히 새겨두자. 그림책 글을 청탁 받고 어린이 독자를 염두에 둔다는 점에서 동화 쓰기와 비슷하리라 생각한 중견 동화 작가가 끔찍하게 고생한 끝에 두 손 들었다는 실패담은 적지 않다. 동화 쓰기에 비해 시 쓰기가 좀 더 그림책 글쓰기와 가깝다고 볼 수 있지만, 그림 장면을 연출하면서 글을 쓴다는 점에서 간극이 크다.

나의 경우에는 오랫동안 함축된 언어로 이미지를 그려내는 시 쓰기, 다큐멘터리 구성작가로 일했던 경험, 외국 그림책 번역 작업이 크게 도움이 되었다. 잠깐 다큐멘터리 대본 쓰기 과정을 살펴보자. 기획 주제에 따른 일련의 다양한 자료 섭렵 후 취재 및 답사 과정을 거쳐 구성안을 만들어 넘기면, 프로듀서가 구성안에 따라 현장을 돌며 찍은 비디오테이프 수십 개를 편집해 45분 분량 영상물로 넘겨준다. 그것을 수십 번 돌리고 되감아가며 전체 흐름을 고려해 각 장면에 필요한 양으로 글을 쓴다. 성우가 읽기 쉽고 시청자가 듣기 쉬운 내레이션 글을 쓰는 것이다. 그것은 시각 이미지를 고려해 이야기를 풀어나간다는 점에서 정확히 그림책 글쓰기를 훈련한 셈이 되었다.

요컨대 그림책 글쓰기의 성패는 '글과 그림으로 이야기하기'라는 독특한 서사 방식을 잘 이해하고 익혀, 그것에 익숙해지는가에 달렸다. 대개의 그림책 창작 워크숍에서는 '그림 서사' 만들기를 훈련하기 때문에 그림책 글쓰기는 스스로 그림책 명작을 거듭 읽으면서 터득하는 수밖에 없다. 이를 위해 시시때때로 수많은 근접 장르—연극·영화·만화·시·회화—감상을 통해 글과 시각 이미지의 관계를 연구하길 권한다.

앞에서 잠깐 예로 들었던 『괴물들이 사는 나라』를 다시 펼쳐보자. "맥스는 이런 장난을 했어."라는 글과 함께 늑대 분장을 한 채 포크를 들고 강아지를 쫓아다니거나 벽에 함부로 못  질해대는 사내아이가 등장하는 그림은, 글과 그림 어느 한쪽이 없으면 상황을 정확히 이해할 수 없다. 다른 장면도 마찬가지다. 우스꽝스럽거나 기괴하게 생겼을 뿐 그다지 '무시무시'하지 않은 괴물들이지만 "무시무시하게 이빨을 갈고, 무시무시한 눈알을 굴리고, 무시무시한 발톱을 드러냈어."라는 글에 힘입어 맥스를 위협하는 국면이 된다. 스틸 이미지 still image 임에도 불구하고 박진감 넘치는 글 덕분에 독자는 영화 장면과 흡사한 분위기의 동작과 상황을 감각하게 되는 것이다.

이 점을 염두에 두고 훌륭한 작품들과 실험적인 작품들을 곰곰이 살펴보면 그림책 작가들이 '어떻게 하면 글과 그림으로 이야기하기라는 그림책의 특성을 멋지게 구현할 수 있을까'를 열정적으로 탐구하고 실험해왔다는 사실을 알 수 있다. 대표적인 작품으로 살펴보자.

글과 그림이 대칭을 이루는 경우
- 『티치』(팻 허친스)
- 『잘 자요, 달님』(마가릿 와이즈 브라운 글, 클레멘트 허드 그림)

그림이 주요 내용을 전달하고 글은 최소한 서술하는 경우
- 『지각대장 존』(존 버닝햄)
- 『모두 행복한 날』(루스 크라우스 글, 마르크 시몽 그림)

그림이 글의 상황과 정서를 강화하고 상세하게 표현하는 경우
- 『눈 오는 날』(에즈라 잭 키츠)
- 『헤엄이』(레오 리오니)

글이 주요 내용을 전달하고 그림이 내용의 일부를 선택적으로 표현하여 강조하는 경우
- 『미스 럼피우스』(바버러 쿠니)
- 『간식을 먹으러 온 호랑이』(주디스 커)

그림이 주요 내용을 전달하고 글이 그 일부를 선택적으로 표현하는 경우
- 『고릴라』(앤서니 브라운)
- 『백다섯 명의 오케스트라』(칼라 쿠스킨 글, 마르크 시몽 그림)

글의 흐름과 그림의 흐름이 각각 달리 나아가면서 그 간극에서 생겨나는 아이러니를 구사하는 경우

- 『로지의 산책』(팻 허친스)
- 『오늘의 일기』(로드 클레멘트)

글과 그림이 서로 다른 이야기를 표현하면서 그 간극에서 생겨나는 긴장과 모순을 구사하는 경우

- 『셜리야, 물가에 가지 마!』(존 버닝햄)
- 『내 멋대로 공주』(배빗 콜)

구조적 특성: 16장면으로 이루어진 그림 이야기

1930년대 그림책의 황금기를 연 작품들 『익살꾸러기 사냥꾼 삼총사』(에드윈 워 글, 랜돌프 칼데콧 그림), 『하멜른의 피리 부는 사나이』(로버트 브라우닝 글, 케이트 그린어웨이 그림)는 각각 15장면과 20장면이다. 그러나 『앤디와 사자』(제임스 도

허티)는 36장면, 『당나귀 실베스터와 요술 조약돌』(윌리엄 스타이그)은 26장면, 『씩씩한 마들린느』(루드비히 베멀먼즈)는 23장면,

『작은 집 이야기』(버지니아 리 버튼)는 21장면이다. 『괴물들이 사는 나라』(모리스 샌닥)는 19장면, 『제랄다와 거인』(토미 웅거러)은 14장면이며, 『무지개 물고기』(마르쿠스 피스터)는 12장면이다. 이처럼 조금씩 부피의 형식을 달리하며 진화하고 발전해온 그림책은 독자의 맨 앞쪽 어린이와 맨 뒤쪽 노인의 집중력을 고려해 대략 16장면으로 정착되었다. 그리고 이러한 물성적 형식이 자연스럽게 그림책 구조를 이루는 데에도 크게 영향을 미쳤다.

따라서 그림책 작가는 무엇보다도 이야기를 16장면에 나눠 담는 그림책 구조에 익숙해져야 한다. 16장면으로 이야기 한 편을 풀어내기란 정말 쉽지 않다. 처음 그림책 글을 쓰는 이에게 16장면이란 엄청나게 많은 양으로 여겨지기도 하고 터무니없이 모자라게 여겨지기도 한다. 16장면으로 이야기하기, 그것은 얼핏 손쉬운 일인 듯하지만, 여간해서 익숙해지지 않는 노동 기술이라고 할 수 있다. 대개의 노동이 그렇듯 꾸준히 몸을 움직여 근육을 만들어야 한다. 몸의 근육이 기억할 때까지 거듭 훈련하며 지루한 과정을 참고 견뎌내면 나름의 기술과 요령이 생긴다. 『그림책론』을 쓴 마쯔모토 다케시의 "그림책은 여러 그림들이 연속적으로 조합됨으로써, 그림이라는 공간에 시간적 흐름을 도입한 것이다. 그 속에 그림과 언어가 유기적으로 결합하고 있다."를 새겨듣자.

이 16장면은 책장을 넘길 때 발생하는 흐름에 의해 생명을 얻는다. 그것이 16장의 회화 작품과 16장면의 그림책 그림이 다른 점이다. 나의 가방 속에는 대개 16장면의 섬네일 더미북이 두어 개 들어 있다. 카페에서 친구를 기다릴 때나 고속버스 속에서 틈틈이 이 더미북에 이야기를 나눠 담는다. 또는 이미 나눠 담은 이야기를 검토하며 흐름과 순서를 검토하곤 한다. (더미북 만드는 방법은 3장에서 자세히 다룬다) 나는 '이상희의 그림책 워크숍'을 진행하면서 "일기를 16장면으로 써오라." "꿈을 16장면으로 세팅하라."라고 주문하는데, 16장면 구조를 훈련하기 위해서이다.

물성적 특성: 정교하고 세심하게 구성된 책

"그림책은 그저 글과 그림을 담는 그릇이 아니다. 모양·재료·무게·제본 등 책의 형태가 그 책의 전체적인 효과에 영향을 미친다." 칼데콧 상을 수상한 그림책 작가, 에릭 로만의 전언이다.

그림책은 물성적으로도 대단히 정교하고 세심하게 구성되어 있다. 그림책 낱장 전체를 감싸는 강력한 보호판인 동시에 얼굴이며 이야기 세계로 들어가는 문이 되는 앞표지, 앞표지와 속지를 연결하는 구조물인 동시에 이야기의 입구를 향해 다가가는 디딤돌로서의 앞 면지, 흥미와 기대감을 안고 이야기의 세계로 들어가는 또 하나의 작은 문이자 현관으로서의 속표지, 이야기의 세계를 펼치고 이어가는 속지, 속지와 뒤표지를 연결해 잇는 구조물인 동시에 이야기의 출구로 나오는 디딤물로서의 뒷면지, 역시 그림책 낱장 전체를 감싸는 강력한 보호판인 동시에 이야기 세계를 빠져나오며 여운을 마감하고 나오는 문으로서의 뒤표지로 이루어진다. 에릭 로만은 "그림책은 그저 글과 그림을 담는 그릇이 아니다. 모양, 재료, 무게, 제본 등 책의 형태가 그 책의 전체적인 효과에 영향을 미친다."라며 책의 물성적 특성을 강조하기도 했다.

독자는 이렇게 건설된 그림책의 물리적 공간에서 이야기가 만들어내는 시간성과 공간성을 누린다. 스스로 책장을 넘기는 힘과 속도에 의해 시간과 공간의 흐름을 조절해 읽음으로써, 화면 안의 시공간과 화면과 화면 사이에 존재하는 시공간을 오가게 되는 것이다.

『무지개 물고기』(마르쿠스 피스터)에서 주인공 물고기는 총 12장면의 10번째 장면에 이르러서야 그토록 친구들이 얻고 싶어 했던 자신의 반짝이 비늘을 뽑아 나눠 주기 시작한다. 그러면서 화려한 주인공 무지개 물고기 하나에 집중되었던 이전 장면들과 달리, 11번째 장면과 12번째 장면은 반짝이는 무지개 비늘을 하나씩 얻어 꽂은 물고기들 모두가 반짝이는 바닷

속 세상이 펼쳐진다. 공유의 미덕을 구현한 평화와 만족감으로 진정한 결말을 이룬 것이다.

온몸에 무지갯빛 비늘이 가득했으나 외톨이였던 무지개 물고기가 단 하나의 비늘만 남긴 채 자기와 같은 비늘을 하나씩 꽂은 물고기들과 어울려 헤엄치는 결말에 이른 독자들은, 새삼 앞 페이지를 되넘기면서 친구 물고기들과 함께 더욱 아름답고 행복해진 주인공 물고기의 모습을 다시 한번 확인할 수 있게 된다.

> 무지개 물고기는 갑자기 꼬리지느러미 쪽에서 물결이 살랑이는 것을 느꼈습니다. 파란 꼬마 물고기가 뒤따라왔군요!
> "무지개 물고기야, 제발 화내지 마. 난 그냥 작은 비늘 한 개만 갖고 싶었을 뿐이야."
> 무지개 물고기는 망설였습니다.
> '아주아주 쪼끄만 비늘 딱 한 개뿐인데 뭐. 좋아, 한 개쯤은 없어도 괜찮을 거야.'
>
> 이제 무지개 물고기에게는 반짝이는 비늘이 딱 하나 남았습니다. 가장 아끼는 보물을 나눠 주어 버렸지만 무지개 물고기는 무척 행복했습니다.
> "이리 와, 무지개 물고기야. 이리 와서 우리랑 같이

놀자!"

물고기들은 무지개 물고기를 불러냈습니다.

"그래, 곧 갈게."

무지개 물고기는 기분이 좋아서 지느러미를 흔들며 친구들을 만나러 헤엄쳐 갔습니다.

_마르쿠스 피스터, 『무지개 물고기』, 시공주니어

이처럼 그림책은 그림과 글의 상호 의존성, 마주 보는 두 면의 동시 배열, 그리고 독자가 직접 페이지를 넘김으로써 발생하는 요소들로 드라마를 만들어낸다. 그리고 이 드라마는 철저히 독자의 손길이 주도하는 속도에 의해 흘러간다. 독자는 마치 비디오테이프를 천천히 또는 빨리 되감듯이 페이지를 넘기거나 되넘김으로써 '빨리 보기' '천천히 보기' '앞 장면과 비교하기' '확인하고 싶거나 다시 보고 싶은 장면을 다시 보기'할 수 있다.

그림책의 이러한 특성은 그림책을 읽어줄 때 활용될 수 있다. 나는 그림책을 읽어줄 때 곧바로 본문을 보여주지 않는다. 맨 처음 표지의 앞뒤를 한꺼번에 펼쳐 보여준 다음 천천히 제목과 작가 이름을 읽고 나서 앞 면지를 펼쳐 보인 다음 차례차례 넘겨 간다. 그리고 작가들이 이 책을 바친 이에게 쓴 헌사 '○○에게'를 읽고, 속표지를 곰곰 들여다 보게 하고서야 비로소 본문을 읽기 시작한다. 이렇게 읽는 방식은 성미 급한 독자를 더없이 안달

나게 한다. 그러나 음악을 들을 때 서주를 생략할 수 없듯, 그림책 또한 이런 순서를 건너뛰어버리면 충실한 감상이 될 수 없다. 마리아 니콜라예바는 현대 그림책의 표지에 관해 이렇게 이야기했다. "그림책의 표지는 아주 의미심장한 부분으로서, 그 내용을 그리 많이 드러내지 않고도 스토리 이해를 위한 결정적 정보를 전달할 수 있다. 스토리의 필수불가결한 부분이자 강조점을 암시하는 부분이다. 현대 그림책은 책 속의 한 페이지를 표지로 삼았던 전통을 버렸다. 그 대신 앞표지는 책의 출입구, 호기심을 자극하는 매력적 입구로 자주 활용되고 있다. 뒤표지 또한 작가에 대한 정보, 줄거리 요약, 서평을 담던 전통을 버리고 시각적 내러티브의 공간으로 삼고 있다."

그림책의 종류

그림책을 읽는다는 것은, 이야기를 포함한 이미지들을 읽는 것만이 아니라 그림과 그림 사이를 읽는다는 것이다. '읽는다'는 것은 그냥 예쁘다는 것과 잘 그렸다는 유치한 미학을 넘어서 읽는 것이고, 검정과 하양을 읽는 것이고, 절단된 페이지를 읽는 것이고, 그 페이지의 구성을 읽는 것이다.

_크리스티앙 브뤼엘

내용에 따른 분류

그림책은 크게 이야기(픽션 fiction) 그림책과 정보(논픽션 nonfiction) 그림책으로 나눌 수 있다. 그러나 늘 새로움을 추구하는 작가들과 근접 장르 예술가들의 참여 덕분에, 이즈음 그림책은 이러한 분류를 넘어 나날이 다양한 방식과 형태로 변형 발전되고 있다.

영유아 그림책

저연령 그림책이라고도 하며, 주로 0세부터 3, 4세까지의 영유아들에게 사물(물건·동물·과일 등)의 이름이나 색깔을 비롯해

가나다(알파벳)·숫자·의성어·의태어 등을 알려준다. 이처럼 인지 교육 목적이 뚜렷하기 때문에 정보 그림책으로 분류하기도 한다. 『미피』 시리즈, 『스팟』 시리즈를 비롯해 하야시 아키코의 『달님 안녕』이 여기에 속한다.

이야기(창작) 그림책

권정생이 쓰고 정승각이 그린 『강아지똥』, 이억배의 『솔이의 추석 이야기』, 남주현의 『빨간 끈으로 머리를 묶은 사자』, 한병호의 『새가 되고 싶어』, 백희나의 『구름빵』 등이 이야기(창작) 그림책이다. 베아트릭스 포터의 『피터 래빗 이야기』, 모리스 샌닥의 『괴물들이 사는 나라』, 앤서니 브라운의 『고릴라』, 레오 리오니의 『프레드릭』, 크리스 반 알스버그의 『마법사 압둘 가사지의 정원』, 쓰쓰이 요리코가 쓰고 하야시 아키코가 그린 『이슬이의 첫 심부름』, 고미 타로의 『악어도 깜짝, 치과 의사도 깜짝!』 등도 여기에 속한다.

레미 쿠르종의 『커다란 나무』, 숀 탠의 『잃어버린 것』, 『빨간 나무』, 『도착』, 존 패트릭 루이스가 쓰고 로베르토 인노첸티가 그린 『마지막 휴양지』는 어린이 독자보다 그림책 마니아 어른들에게 사랑받는 작품들이다.

옛이야기 그림책

민담 가운데 어린이와 공유할 수 있는 전래동화를 그림책을 위한 글로 재화하고 그림으로 구성하여 펴낸 것이다. 『아기 돼지 삼형제』, 『빨간 암탉』 등 폴 갈돈의 작품들, 『찔레꽃 공주』, 『늑대와 일곱 마리 아기 염소』 등 펠릭스 호프만의 작품들이 이 분야의 으뜸이다. 『해와 달이 된 오누이』, 『팥죽 할멈과 호랑이』, 『오늘이』, 『이야기 귀신』 등 우리 옛이야기와 함께 '콩쥐 팥쥐 이야기'를 여러 작가들이 개성적 솜씨로 거듭 새로이 만들어내고 있는 것을 눈여겨보자.

옛이야기 패러디 그림책

'아기 돼지 삼형제와 늑대' 이야기의 중심 캐릭터를 서로 바꿔서 배치한 헬린 옥슨버리의 『아기 늑대 세 마리와 못된 돼지』, 주인공들이 자기들에게 불리하게 진행되는 서사를 피해 바깥으로 뛰쳐나오는 데이비드 위즈너의 『아기 돼지 세 마리』, 악역의 캐릭터 늑대가 자신의 입장을 변호하는 존 셰스카의 『늑대가 들려주는 아기 돼지 삼형제 이야기』(레인 스미스 그림), 옛이야기 열 편의 주인공들이 이야기의 경계를 넘나들며 새로운 서사를 펼치는 『냄새 고약한 치즈맨과 멍청한 이야기들』(존 셰스카 글, 레인 스미스 그림) 등 독자들에게 익숙한 옛이야기를 작가의 독특한 관점과 시각으로 새롭게 이야기한다.

시 그림책

마거릿 와이즈 브라운의 『작은 기차』(레오 딜런·다이앤 딜런 그림), 윤석중의 『넉 점 반』(이영경 그림), 이태준의 『엄마 마중』(김동성 그림), 천정철의 『쨍아』(이광익 그림), 백석의 『준치 가시』(김세현 그림)와 작자 미상의 마더구스mother goose류의 전래동요에 기반한 그림책들 등, 어린이를 위한 시를 그림 작가의 개성적인 연출로 만들어낸 그림책이다

자장가 그림책

샬롯 졸로토의 『잠자는 책』(스테파노 비탈레 그림), 마거릿 와이즈 브라운의 『잘 자요, 달님』(클레먼트 허드 그림), 낸시 화이트 칼스트롬의 『북쪽 나라 자장가』(다니앤 딜런·리오 딜런 부부 그림) 등 잠자리에서 읽어주기 좋은 그림책을 말한다.

정보 그림책

'이야기'보다는 '정보'와 '사실'을 담고 있다. 옐라 마리의 『알과 암탉』, 『나무』와 엘레오노레 슈미트의 『물의 여행』, 배영희의 『고

사리손 요리책』(정유정 그림), 권윤덕의 『일과 도구』, 김선남의 『서울 이야기』, 홍성찬의 『집 짓기』(강영환 글)와 강무홍의 『까만 나라 노란 추장』(한수임 그림), 이상희의 『선생님, 바보 의사 선생님』(김명길 그림), 박은정의 『니 꿈은 뭐이가』(김진화 그림) 등의 인물 이야기 그림책과 전통문화 그림책이 여기에 속한다.

이야기와 정보 그림책

볼프 에를브루흐의 『누가 내 머리에 똥 쌌어?』(베르너 홀츠바르트 글), 몰리 뱅의 『기러기』, 호세 아루에고·아리앤 듀이의 『비 오는 날 생긴 일』(미라 긴스버그 글) 등은 이야기에 과학 지식 정보를 담은 멋진 그림책이다.

제작 형태에 따른 분류

대개의 그림책 표지는 딱딱한 판지로 된 하드커버이다. 보급판 그림책은 본문 종이보다 약간 두꺼운 종이로 된 페이퍼백 표지를 쓴다. 하드커버 표지의 네모난 모서리가 어린이들에게 위험하다고 여겨 둥글게 깎아낸 경우도 있는데, 보통은 영유아를 위한 보드북에서 채택되고 있다. 또한 하드커버에 따른 제작 비용을 줄이기 위해 페이퍼백 그림책을 출간한 경우도 있으나, 책꽂이에 꽂았을 때 두께감 있는 책등 모양이 구현되지 않아 책 찾기에 불편하고 쉽게 훼손되는 문제로 단행본 그림책에는 거의 채택되지 않는다.

보드북 board book

영유아가 손에 쥐기 알맞도록 작은 크기에다 모든 장면이 단단한 판지 종이로 구성된 그림책을 말한다. 입에 넣어도 해롭지 않게끔 콩기름 인쇄를 하고 모서리를 둥글게 굴려 위험 요소를 감안해서 제작한다.

팝업북 pop-up book

책을 펼치면 장면 이미지가 저절로 세워지거나 튀어나오고, 장면 일부의 그림 요소를 당기고(풀탭 pull-tap), 들출 수 있도록(플

랩flap) 다양한 입체 기법을 구현한 책을 말한다. 13세기 베네딕트 수도사가 문자 해독이 어려운 이들을 위해 회전 원판 장치를 도입한 책을 만든 이후 천문학과 의학 도서를 통해 다양한 기법으로 발전되었다. 이후 18세기 어린이책에 이르러 뚜렷한 목적을 지닌 예술작품으로 구현되고, 20세기에 처음으로 완벽한 입체책이 등장했다. 로버트 사부다·데이비드 카터·크베타 파코브스카의 작품이 손꼽히며, 다양한 형태로 발전하고 있다.

구멍 책 hole book

에릭 칼의 『배고픈 애벌레』는 애벌레가 하루하루 먹고 지나간 과일 그림 장면마다 구멍을 내었다. 심스 태백의 『옛날 옛날에 파리 한 마리를 꿀꺽 삼킨 할머니가 살았는데요』는 점층 구조의 옛이야기를 점점 커지는 구멍으로 장면화한 그림책이다.

비닐책과 헝겊책

영유아 보드북은 놀잇감을 겸하도록 제작되곤 한다. 목욕용 놀잇감을 겸하는 비닐책, 잠자리용 놀잇감을 겸하는 헝겊책 외에도 아기의 오감을 자극하는 다양한 재질의 그림책이 있다.

글 없는 그림책

『떠돌이 개』, 『거대한 알』의 가브리엘 뱅상, 『이상한 화요일』, 『구름 공항』, 『시간 상자』의 데이비드 위스너, 『파도야 놀자』, 『거울 속으로』, 『그림자 놀이』의 이수지 작가를 비롯한 그림책 예술가들은 그림만으로 이야기하는 작품을 통해 그림책의 예술성을 실험하고 완성한다. 국제아동청소년도서협의회 IBBY는 람페두사 섬에 머물며 교육과 예술 향유 기회를 누리지 못하는 난민 어린이들을 위해 2012년 처음으로 'IBBY 소리 없는 책: 최종 목적지 람페두사 Silent Books: Final Destination Lampedusa' 프로젝트를 시작했다. 글 없이 그림과 이야기만으로 이루어진 전 세계의 그림책을 모아 람페두사 IBBY 도서관에 전달하고, 같은 목록의 도서를 전 세계 곳곳의 어린이가 함께 누릴 수 있도록 순회 전시를 연다. 국제아동청소년도서협의회 한국지부 KBBY는 이 프로젝트를 위해 한국 그림책 작가들에 의해 출간된 아름다운 글 없는 그림책을 매년 선정하여 추천한다.

그 밖에

앨버그 부부의 『우체부 아저씨와 비밀편지』는 우체부 아저씨가 배달하는 편지들이 각 수신자가 등장하는 에피소드 장면마다 부착된 봉투 속에 담겨 있다. 에밀리 그래빗의 기발한 작품 『늑대들』에는 반납을 독촉하는 도서관 우편물이 그림책 여기저기에 실물로 붙어있다.

그림책이 지닌 힘과 가치

그림책은 순박한 어린이의 마음에 언어의 씨를 뿌리는 역할을 한다. 그 언어는 기쁨과 즐거움 속에서 들었을 때 깊이 기억된다. _마쯔이 다다시

온갖 공력과 시간을 들여 '그림책'을 만드는 이유를 작가들에게 물으면 대개 "그림책이 멋지기 때문"이라고 대답한다. "내 아이(또는 손자와 손녀)에게 선물하기 위해서"라고 대답하는 경우도 많다. 아카바 수에키치는 일본의 아이들에게 섬나라에서는 볼 수 없는 완벽한 무지개를 보여주고 싶어 지평선이 뚜렷한 몽골 초원 배경의 이야기를 찾기로 마음먹는다. 마침내 아이들과 공유할 만한 마두금 전설을 찾아내고는 동료 글 작가에게 재화를 부탁해『수호의 하얀 말』(오츠카 유우조 글)을 만든다.

그림책 작가를 꿈꾸는 이들에게 나는 아카바 수에키치의『수호의 하얀 말』제작 동기를 반드시 들려준다. 자신의 재능으로

멋진 그림책을 남기고 싶다는 것만으로는 그림책 창작 동기에 미흡하다는 얘기다. 세상 모든 아이에게 멋진 선물이 되는 그림책을 남기겠다는 각오가 아니라면, 굳이 이처럼 까다로운 노력과 엄청난 제작 비용과 시간이 들어가는 작업에 뛰어들 필요가 있을까?

그림책은 종합예술품이다. 한 권의 그림책은 텍스트이고 삽화이자 그 둘의 총화이다. 또한 하나의 생산품이며 상품이기도 하다. 동시에 하나의 사회적·문화적·역사적 기록물이다. 그리고 무엇보다도 그림책을 처음 펼쳐든 아이에게는 최초의 책이 된다. 그림책은 예술성 높은 글과 그림으로 이루어진 본문은 물론, 앞뒤의 표지들과 면지 및 속표지에 이르기까지 구성물 하나하나가 미적 감각에 의해 디자인되고 연출되어 있다. 그림책 한 권이 담아내야 할 통일된 이미지를 위해 글자 하나하나의 크기와 모양과 배치까지 세세하게 고려되고 안배되는 것이다. 또한 그림책의 글은 간결하고 명징한 사유의 세계를 펼쳐 보이는 시詩이며, 그림책의 그림은 글의 내용을 작가적 예술성으로 연출하고 표현한 '일러스트레이션illustration'이다. 일러스트레이션, 즉 정보가 담긴 그림의 특징은 반복 기법과 변화 기법으로 일관성 있게 전체 주제와 각 장면 내용을 담아낸다는 것이다. 따라서 작가적 특성을 최대한 발휘하여 글 내용을 단순히 재현하기보다는 강조하고, 세밀히 보완하고, 풍부하게 표현한다. 이 때문에 훌륭한 그림책은 예술적 품격과 작가의 가치관 및 세계관이 담겨 있는 것이다. 작가 고유의 정신세계가 바탕이 된 예술작품 특유의 품위가 깃들어 있는 것이다.

예술은 다양한 정신과 사상, 철학을 담아낸다. 예술로서의 그림책 또한 다양한 철학과 사상을 담아낸다. 다니앤 딜런, 리오 딜런 부부의 역작 『무슨 일이든 다 때가 있다』에는 각 장면마다 아일랜드 필사본 그림 양식, 중국 두루마리 그림 양식, 이집트 벽화 그림 양식, 인디언 벽화 그림 양식의 그림들이 담겨 있다. 성경 구절과 세계 각국의 옛 그림 양식을 빌려 '시공간을 뛰어넘는 삶의 진리'를 엮어낸 것이다. 늘 새롭고 다채로운 작품을 내어놓는 이들 부부는 그림책을 통해 예술을 구현하고자 애쓰는 대표적인 작가들이다.

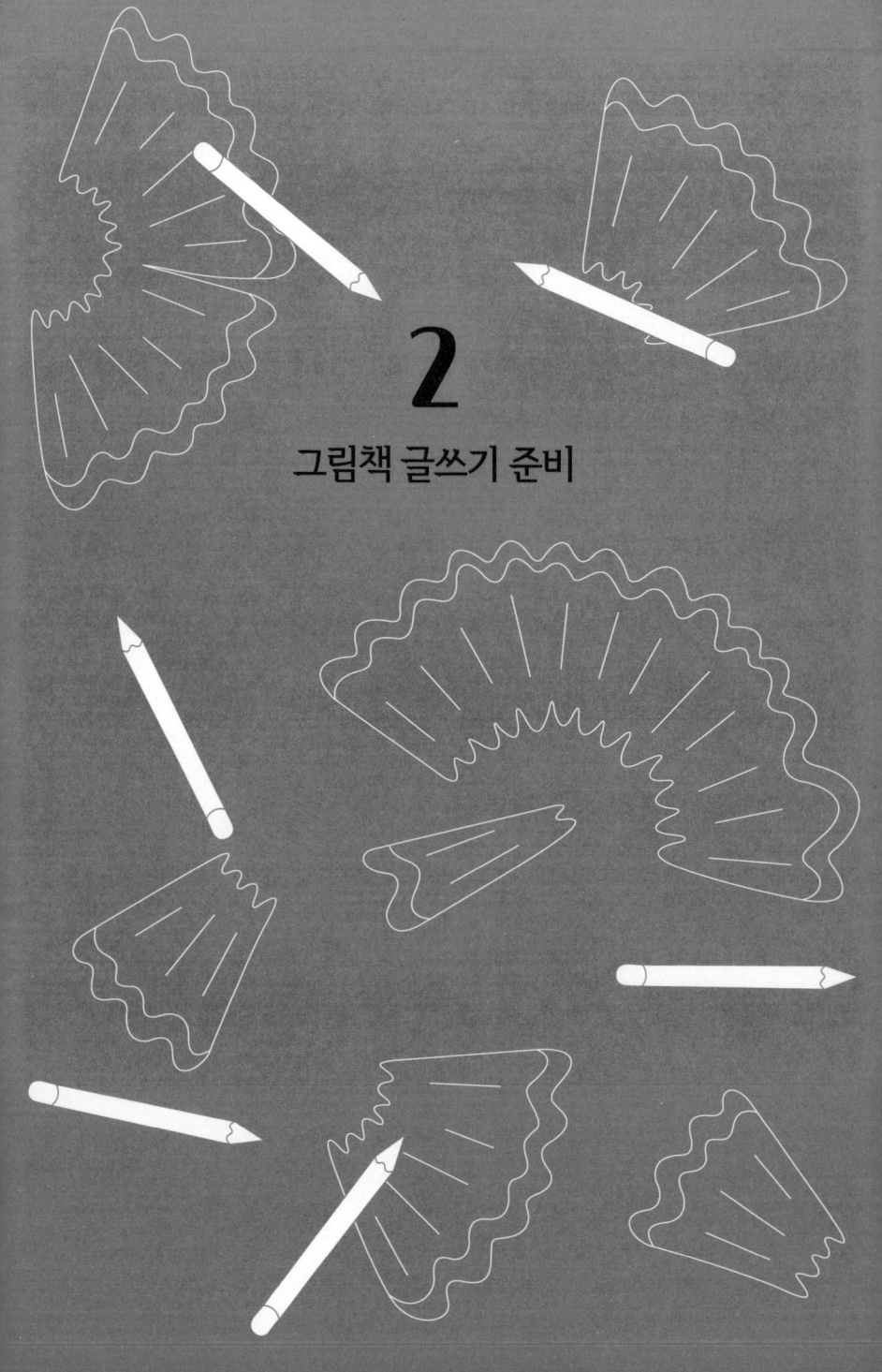

그림책 글 작가의 자질

> 즐거움과 진실한 예술, 그림책 그림의 이 두 가지 목표는 따로 나누어 설명할 수 없다. 되도록 한 권의 책을 멋지고도 아름다운 것으로 빚어내려는 노력 속에 이미 포함되어 있기 때문이다. (중략) 아이들은 아름다운 책을 통해 아름다운 것을 좋아하게 되는 걸 배운다.   _로저 뒤봐젱

그림책 글 작가는 복합적이고도 종합적인 예술 구현에 필요한 소양과 자질을 갖춰야 한다. 민감하고도 까다롭게 선택한 언어로 사상과 철학을 간략히 함축해 노래하는 시인이자, 매력적인 이야기를 미감 있는 시각적 언어로 개연성 있게 연출하는 화가 영화감독이자, 특히 어린 독자에게 이야기의 세계를 선물하려는 열정가가 되어야 한다.

어떻게 그런 사람이 되느냐고? 걱정할 것 없다. 멋진 그림책을 읽으면서 무릎을 치며 감탄하고 누군가에게 이걸 읽어줘야겠다고 결심한 적이 있다면, 그리고 자신도 그런 그림책을 만들고 싶다는 열의가 끓어오르곤 한다면, 원조 찐빵집 앞에 2시간 이상

줄을 서서 기어이 빵 맛을 보고야 만 적이 있다면, 고속도로에서 멈춰버린 자동차를 견인차에 싣고 기어이 공연 시각에 맞춰 예매해둔 공연을 보러 달려간 적이 있다면, 잠깐 산책하러 놀이터에 나간 길에 낯선 꼬마를 사귀고 함께 아이스크림을 먹은 적이 있다면, 강 둔치에서 아이가 놓친 풍선을 붙드느라 물에 빠진 적이 있다면, 가능하다.

이런 소양과 자질에 필히 추가되어야 할 것이 있다. 그것은 다름 아닌 그림책이라는 매체에 대한 전통과 체계를 스스로 만들어간다는 각오 아래 공들여 연구하고, 참을성 있게 실험하고 시도하는 노력이다. 훌륭한 그림책을 끊임없이 읽어 글과 그림이 어떻게 서로 협응하고 조합되는지 몸으로 익히면서 그림책 특유의 구조 및 구성 감각을 익히자. 이 감각이 성숙하면 어떤 장르와도 다른 그림책 특유의 구조에 적절한 이야깃감을 떠올릴 수 있게 된다.

전 세계 어른들이 어린 시절에 읽고 자랐고, 지금도 전 세계 아이들의 침대 머리에 자리잡고 그 마음을 사로잡는 그림책 『잘 자요, 달님』은 하루의 일상을 마친 아이가 잠들 때까지, 결코 잠들고 싶지 않은 마음으로 자기 주위의 존재 하나하나에 빠짐없이, 마침내 먼지한테까지, 건네는 밤 인사로 이루어져 있다. 이 그림책을 비롯해 수많은 그림책을 쓴 마거릿 와이즈 브라운은 그림책 역사에서 전무후무한 그림책 전문 글 작가이다. 아직 옛이야기와 명작 동화를 그림과 함께 엮어내던 시대에 이 작가는 그림책 글을 쓰기 위해 수많은 아이를 만나 함께 마음을 나누며 아이들이 진정으로 원하는 이야기를 찾아냈다. 아이들의 눈으로 보고 쓴 그의 시적인 글들은 수많은 그림 작가들에게 영감을 주었고, 42년의 짧은 생애 동안 백 권이 넘는 멋진 그림책이 탄생했다. 그리고 저작권 시효를 넘기면서 다양한 그림 작가들에 의해 거듭 재화되고 있다.

그림책 글 작가의 태도

아이들을 위해 글을 쓰는 일은 매일 매일을 새롭게, 어린아이로서 내 안에 담겨 있는 우주적 통찰력과 번뜩임을 즐기는 행위이다. 작가로서 바랄 수 있는 최선은 바로 모든 것을 새롭게 느끼는 일이다. _얀 발

명작 그림책을 섭렵하라

그림책의 고전이요, 명작으로 손꼽히는 타이틀은 대개 서양 그림책이다. 그것은 오랜 기간에 걸쳐 성장과 진화를 거듭하여 이루어진 유기체로서, 대를 이어 그림책을 즐기며 자란 이들에 의해 만들어졌기 때문이다. 무릇 모든 고전 명작 예술이 그렇듯, 명작 그림책은 그 자체가 '그림책이란 무엇인가?'라는 질문에 대해 더없이 정확한 대답이 된다. 우리보다 20여 년 먼저 그림책에 눈 뜬 일본의 뛰어난 편집자 마쯔이 다다시는 그림책을 연구하느라 서양 고전 명작 그림책 원서를 베껴 쓰는 것은 물론이고, 제본과

형태 등 물성적 특성을 이해하기 위해 책장을 뜯고 표지를 낱낱이 해체하며 제본 형태를 확인했다.

완성도 높은 명작 목록을 만들고, 빠짐없이 섭렵하자. 마음을 울리고 기억에 남는 장면이 있다면 어떤 점이 그렇게 만드는지, 유난히 시간이 걸려 읽은 장면이 있다면 어떤 점이 그렇게 만드는지, 다시 펼쳐 본 장면이 있다면 어떤 점이 그렇게 만드는지, 늘 메모하고 거듭 읽고 보면서 연구하자. 특히 글부터 읽는 데 집중하기 마련인 글 작가는 의식적으로 그림에 집중하며 감상하는 노력으로써 글과 그림을 동시에 읽어야 한다. 아이와 함께 그림책을 읽으면 저절로 그림을 보게 되는 이점이 있다.

한 가지 덧붙이자면, 이야기는 이야기에서 나온다. 오늘의 우리에게 완벽히 새로운 이야기란 있을 수 없다. 지금 우리가 할 수 있는 이야기는 결국 우리가 알고 있는 이야기의 되풀이 재화이거나 패러디이거나 속편이라고 할 수 있다. 『메리 크리스마스, 늑대 아저씨』를 만든 미야니시 타츠야는 아기 돼지들을 괴롭히며 잡아먹으려던 늑대가 자기 잘못으로 다치지만, 아기 돼지들의 도움으로 회복되자 멋진 선물을 남기고 떠난다는 이 이야기가 다름 아닌 유년 시절에 즐겼던 『아기 돼지 세 마리와 늑대』에서 연유된 것이라고 말한다. 펄펄 끓는 국솥에 떨어진 늑대가 너무 불쌍해서, 따뜻하고 상냥한 마음을 북돋워 함께 어울리게 하고 싶었다는 것이다.

어린이와 어린이의 세계를 이해하려고 노력하라

어린이는 명쾌한 감정을 지니고 있다. 어두운 쾌락도, 타락도 없으며, 슬픔 속에서 느끼는 즐거움이나 자학을 즐기는 것 따위는 알지 못한다. 묘하게 거드름 피우거나, 영혼의 불안을 자랑스레 내보이거나, 각자의 인상이 어떤 식으로 변해 가는지 비겁하게 엿보거나, 여러 갈래로 뻗은 생활감정을 선악의 문제 이상으로 성가시게 캐고 드는 어리석은 짓은 하지 않는다. 어린이는 건강한 존재이다. 이기심은 있지만 그것을 악용해 우쭐대지 않는다.
_폴 아자르

그림책 워크숍 첫날, 몇몇은 반드시 이런 식의 푸념과 질문을 한다. "나는 아이들을 싫어해요. 극성맞은 우리 조카들을 떠올리면 진저리가 나요." "그림책을 만들려면 꼭 아이들을 좋아해야 하나요?" 털어놓기 힘든 고민을 솔직히 말해준 질문자를 존중해서 나는 일단 "그다지 상관없어요!"라고 대답하지만, 그림책 작가가 되려면 아이들을 좋아하지는 않더라도 아이들을 이해해야 한다는 것을 넌지시 암시하곤 한다. 자신이 체질적으로 아이들과 맞지 않는다고 생각되면 자녀와 조카들, 이웃집 아이들을 다른 행성에서 온 외계인이라고 생각하자. 아이들이 보여주는 일상의 행동과 말을 훨씬 신선하고 흥미롭게 받아들이게 될 것이다. 그런 과정에서 마음이 열리고, 나아가 자신의 어린 시절을 떠올리게도 된다.

등교 시간에 초등학교 앞을 지날 때였다. 갑자기 한 아이가 달리기 시작했다. 그러자 서넛이 달리고, 열 명도 넘는 아이들이 있는 힘을 다해 우르르 달리기 시작했다. 상상해보라. 내 무릎을 간신히 넘는 키의 어린 아이에서부터 3, 4학년은 되어 보이는 아이들이 느닷없이 늑대에게 쫓기는 아기 돼지들처럼 줄줄이 달리는 모습을! 나는 방해가 되지 않도록 담벼락에 붙어서서 시계를 들여다보았다. 아직 이른 시간이었고, 교문에서 누가 지각을 알리며 재촉하는 상황도 아니었다. 여러 가지 정황을 살피고 나서야 내 아이가 어렸을 때의 에피소드가 떠올랐다. "왜 그렇게 달렸는지, 나도 몰라. 그냥 달렸어." 그리고 이런 문구와 함께 그 장면을 마음에 새겨두었다. '한 아이가 달리면 모든 아이들이 달리게 된다.'

우연히 앞서 걷는 여자아이들이 소근거리는 이야기가 내 귀에 꽂힐 때도 있다. "그런데 (네가 말하는 이모가) 진짜 이모 말이니? 그냥 친한 엄마들이 서로 부르라고 하는 그 이모 말이니?" 나는 깜짝 놀랐다. '아이들은 뭐든지 다 알고 있다. 그러나 어른은 그 사실을 놓치거나 까맣게 모른다'는 사실을 절감했다.

마감이 코앞에 닥치면 더욱 집중이 안 되는 법이다. 그럴 때 나는 노트북을 들고 집을 나선다. 단골 카페의 구석자리 내 전용석에 눌러앉아 있으면 이상하게 마음이 편해지면서 글쓰기에 몰두하게 된다. 아마 커피 향이 뿜어내는 아로마 효과 때문일 것이다. 어쨌든 그렇게 간신히 자리를 잡고 노트북 모니터에 눈을 붙이고 있자면, 세 번에 한 번쯤은 커피 모임을 하는 엄마한테서 떨어져 나온 꼬꼬마 하나가 슬금슬금 다가와 내가 하는 짓을 빤히 쳐다보거나 곁에 둔 그림책을 슬쩍 만지곤 한다. 물론 나는 만사 제쳐놓고 그림책을 집어 들며 엄마들의 담화에 지루해하는 아이를 영접한다. 우리는 그림책도 읽고, 쪽지 그림도 그리고, 가능한 경우 서로의 이름도 쓰면서 조용히 논다. 그러다가 엄마가 불러서 돌아가는 아이에게 허락을 받고 쪽지 그림을 얻어 가지기도 한다. 날짜와 사인이 곁들여진 작품을! 그런 날 밤에는 그림책 주인공 캐릭터 하나가 손에 잡힐 듯 또렷이 떠오르기 마련이다. 요컨대 훈육하고 가르칠 '아이 일반'으로서 아이를 바라볼 것이 아니라, 세계를 탐색하는 생생한 존재요, 마음 나누기 좋은 존재로서 각별히 대해보라는 얘기다.

그러나 내가 알고 있는 아이뿐만 아니라 세상 모든 아이들을 두루 고려할 수 있어야 한다. 주위에 아이가 없는 이에 비해 어린 자녀나 조카를 둔 쪽은 아무래도 유리한 처지라고 할 수 있다. 그러나 공평하게도, 그것이 유리한 만큼 불리한 점도 있다. 자칫 내 아이의 취향이나 기질을 모든 아이에 대한 기준으로 삼는 잘못을 범할 수 있기 때문이다. 수많은 초보 작가들이 작품 속 주인공 아이의 행동 양식이나 말씨 등에 대해 개연성이 떨어지는 점을 지적하면 이렇게 말한다. "우리 아이는 그렇게 말하던 걸요!" "우리 조카는 늘 이렇게 반응해요." 내 아이와 조카만의 취향일 수도 있고, 그 반대의 경우도 있다. 작가가 알고 있는 특정한 아이들, 예컨대 어렸을 적의 작가 자신이나 지금 잘 알고 있는 아이들에 관해 이야기를 해나가되, 아이의 일반적인 발달 상황과 보편적인 취향을 고려할 수 있어야 한다. 유리 슐레비츠는 "아이들에게 호감을 주는 주인공은 활기 넘치고 진취적인 상상력이 풍부한 인물"이라고 말한다.

그림을 공부하라

> 그림을 이해하는 데 상당한 노력을 들여야 한다면 독자는 그 그림에 관심이 없어질 것이다. 그림이 이해하기 어려운 퍼즐이 되어서는 안 된다. 명확한 그림을 창조하기 위해서는 마음속에 생생한 이미지를 품고 있어야 한다. 이야기를 잘 파악하고, 그에 대해 적절히 연구해서 그렸다면, 진정성 있는 그림이 구현될 것이다.
> _유리 슐레비츠

그림책을 펼치면 글 작가는 글 위주로 읽고 그림 작가는 그림 위주로 본다. 그러나 그림책 글 작가가 되려면 그림에 대해 박식해야 하고, 그림책 그림 작가가 되려면 시시때때 다양한 서사 양식을 섭렵하면서 글쓰기를 해봐야 한다. 글과 그림을 혼자서 작업할 생각이 아니라도 그렇다. 양쪽의 문법과 서술 방식을 알아야 하기 때문이다.

  모든 그림책의 그림은 작가의 안목으로 시공간을 재편하고 연출한 삶의 풍경을 담게 된다. 1940년에 쓴 동시를 그림책으로 재현한 작품 『넉 점 반』(윤석중 시·이영경 그림)은 우리 근대사에 대해 남다른 애정을 지닌 작가 이영경이 시계가 귀하던 시절의 에피소드를 장면화하기 위해 비슷한 시기의 풍경과 살림살이를 취재하고 연구하여 세심하게 연출하고 구성했다. 결국 이 작품은 현대 아이들이 결코 경험할 수 없는 과거의 시간을 멋진 풍속도로 재현한 선물이 되었다. 이영경은 옛이야기 『주먹이』(서정오 재화) 또한 동일한 시기의 풍경과 소품으로 그려냈다.

  바버러 쿠니의 그림책 장면들 또한 시대 배경이 뚜렷한 풍속도라고 할 수 있다. 바버러 쿠니는 『에밀리Emily』(마이클 베다드 글)를 그리기 위해 매사추세츠 암허스트의 에밀리 디킨슨 생가를 여러 차례 방문한 다음 미니어처를 만들어가며 장면을 완성했다. 1989년 칼데콧 상 수상작 『달구지를 끌고Oxcart Man』(도날드 홀 글)에서는 미국 동북부 뉴햄프셔 주 항구 도시 포츠머스의 시장 풍경과 산 너머 농가에서 꾸려가는 한해살이를 생생하게 재현한다. 『바구니 달Basket Moon』(메리 린 레이 글)에서는 19세기 뉴욕 허드슨 풍경을 처음 도시 구경을 하는 산골 소년의 시선으로 세심하게 재현해내고 있다.

다음은 그림책 작가가 최소한으로 익혀두어야 할 것들이다. 그밖에도 공부할 것이 아주 많지만, 대부분 그림책 명작을 거듭 읽으면 저절로 눈에 들어오고 깨닫게 된다.

그림의 기법

진정한 그림책은 주요하게, 또는 완전히 그림을 통해 이야기를 전달한다. 그림책에서 글은 그림이 나타낼 수 없는 것을 표현할 때 주로 사용된다. 그림책에서 그림은 글을 대체하거나 확장하고, 명확하게 하고, 보충한다. 글과 그림은 모두 '읽혀진다'. 그런 까닭에 그림책에서는 글이 적게 사용되거나 사용되지 않기도 한다. 이야기책과 그림책의 차이점은 '수준'이나 '그림의 양' 이상이다. 그것은 컨셉의 차이라고 할 수 있다.

_유리 슐레비츠

네 차례나 칼데콧 상을 수상한 세계적인 그림책 작가 유리 슐레비츠는 『새벽』을 그릴 때 붓을 이용한 수채화로 표현했다. 그에 관해 유리 슐레비츠는 "이야기의 콘셉트가 기법을 결정하고, 결정된 기법은 스타일에 영향을 준다. 『새벽』을 그릴 때, 나는 그 시간에는 물체의 윤곽이 뭉개져 보인다는 사실 때문에 펜화로 그려서는 안 된다는 것을 깨달았고, 붓을 사용해 수채화로 그리기로 마음먹었다."라고 말했다. 유리 슐레비츠의 말처럼 그림책의 기법은 그림책의 콘셉트에 따라 달라진다.

그림책을 보면서 사실화·세밀화·추상화·극사실화·만화·판화·콜라주·사진·디지털 그림·입체 등 여러 가지 그림 기법에서 특히 어느 쪽을 주로 선택했는지 살펴보자. 그림책 그림 작가들은 원하는 장면을 구현하기 위해 두세 가지 기법을 한꺼번에 구사하곤 한다. 크리스 반 알스버그의 그림책들, 데이비드 위즈너의 그림책들은 어떤 면에서 같고 또 다른지 살펴보자. 내용과 형식이 어떤 방식으로 일치하는지 따져보자.

그림의 재료

회화는 대개 연필·펜·목탄·파스텔·과슈·크레용·아크릴·수채·수묵·유화물감·컴퓨터그래픽 프로그램을 사용하고 활용한다. 또 이야기에 걸맞은 장면을 연출하기 위해 여러 가지 재료를 한꺼번에 사용하는 경우가 많다. 『신화 속 괴물』의 작가 사라 파넬리는 그림책은 '만질 수 있는 3차원의 세계'라고 여겨 신문 칼럼 조각, 손글씨, 상표, 사인, 렌즈 없이 만드는 실루엣 사진 등을 직접 그린 그림과 섞어 양감 있는 장면을 만드는 데 주력한다.

『난 토마토 절대 안 먹어』의 작가 로렌 차일드는 컴퓨터 그림, 사진, 옷감, 종이를 배경으로 한 몽타주에 캐릭터를 그린 종잇조각을 얹어 장면을 만든다. 심스 태백은 『요셉의 작고 낡은 오버코트가』에서 콜라주 기법에 수채 물감과 과슈(수용성 아라비아고무를 섞은 불투명한 수채물감)와 연필과 잉크 외에도 여러 가지 재료를 사용했다. 매력적이라고 여겨지는 그림 장면을 들여다보며 몇 가지 재료가 사용되었는지 살펴보자.

그림의 구도

그림책 장면의 구도는 카메라 앵글이라고 할 수 있다. 초점을 어떻게 잡는가에 따라서는 거리감이, 시점이 어디를 향하는가에 따라서는 각도가 정해진다. 다양한 각도로 묘사된 그림은 이야기와 사물의 이해를 돕는 정보로 작용하고, 독자의 시각적 상상력을 풍부하게 해준다. 구도를 어떻게 설정하느냐에 따라 그림 장면의 정서와 흐름이 생겨난다. 레오 리오니의 『파랑이와 노랑이』는 구도를 공부하기에 좋은 그림책이다.

초점

초점은 카메라 렌즈와 마찬가지로 화면과 관찰자 사이의 거리감을 만들어낸다. 그림책을 보면서 렌즈를 현미경처럼 사용했는지, 고배율 망원경처럼 사용했는지, 또는 렌즈를 대상 가까이 가져다 댄 것인지(줌인), 렌즈를 뒤쪽으로 뽑은 것인지(줌아웃) 곰곰이 살펴보자. 초점의 변화에 따라 어떤 분위기가 만들어지는지도 비교해보자.

시점

시점은 그려질 대상을 보는 화가의 시선 방향을 말한다. 공중에 떠서 옆과 아래를 내려다보는 시점, 바닥에 누워서 올려다보는 시점, 천장이나 높은 데 올라가서 내려다보는 시점 등 시점을 적절히 바꾸어주면 그림에 긴장감이 더해진다. 늘 보던 사물이라도 새롭게 보여줄 수 있게 되는 것이다. 그림책을 통해 변화하는 시점을 경험한 아이들은 세상의 사물과 사건을 이해하는 데 좋은 정보를 얻게 된다. 로버트 맥클로스키의 『아기 오리들한테 길을 비켜주세요』는 그림책 역사상 처음으로 공중에서 내려다보는 시점, 즉 부감을 구현한 작품이다. 어린 주인공이 난생 처음 겨울 숲속에서 부엉이를 보게 되는 『부엉이와 보름달』(제인 욜런 글,

존 쉰헤르 그림)도 다양한 시점을 뚜렷이 보여준다. 초현실적 분위기를 구사하는 앤서니 브라운의 『달라질 거야』도 들여다보자.

  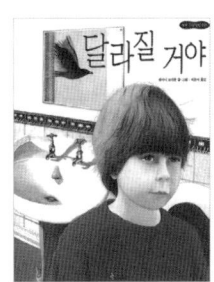

사물의 모양과 크기

모양과 크기는 실물을 표현하는 형상이다. 그러나 그림책에서는 단순한 형상 이상의 의미를 띤다. 대개 둥근 모양은 부드럽고 유연한 것, 네모난 모양은 딱딱하고 폐쇄적인 것, 큰 물체는 묵직한 것, 작은 물체는 가볍고 경쾌한 것을 상징하곤 한다. 크고 작은 형태가 빚어내는 비례를 통해 실물의 크기를 대비 상징하기도 한다. 예컨대 코끼리와 생쥐가 나란히 등장하는 경우, 절반만 잘라 그린 코끼리의 다리 아래쪽에 생쥐를 그려서 코끼리의 실물과 생쥐의 실물 크기를 적절히 상상할 수 있게 하는 것이다. 에드 영의 『일곱 마리 눈먼 생쥐』, 안노 미쓰마사의 『커다란 것을 좋아하는 임금님』을 살펴보자.

원근법

멀리 있는 사물과 가까이 있는 사물을 소실점에 의한 크기와 방향에 따라 과장·생략·첨가·변형해서 배치하면, 공간감과 현실감을 생생하게 재현할 수 있다. 장면 속으로 빨려든다는 느낌을 받았던 그림책을 다시 살펴보자. 원근법을 발견할 수 있을 것이다. 어린이의 시각은 공간 논리적 표현보다는 상징적 표현에 민감하기 때문에 원근법을 무시한 그림 스타일도 흔히 볼 수 있다. 그러나 아주 사실적인 그림의 경우에는 원근법을 제대로 적용해야 한다. 데이비드 위즈너의 『구름 공항』, 『이상한 화요일』, 『시간 상자』 등을 살펴보자.

  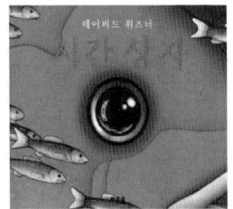

틀

그림의 공간을 정하는 틀, 프레임Frame이 어떻게 설정되었는가에 따라 이야기의 양감과 흐름이 달라진다. 화면 한쪽 구석의 조그만 원 안에 그려진 그림, 화면 윗부분만 채운 그림, 손으로 찢은 종이 테두리로 처리된 그림, 주인공의 몸 반쪽만 보이는 그림,

그림 안에 또 하나의 틀이 설정된 그림 등 자연스럽고도 인위적인 여러 형식의 공간을 통해 독자가 감상하는 틀도 달라진다. 유리 슐레비츠의 『새벽』을 살펴보자. 판타지 그림책들이 전형적으로 구사하는 틀도 확인해보자.

글씨체와 크기

그림책의 글은 그 내용과 형식의 미감을 고려해 크기와 모양이 결정되고, 각 장면의 적절한 위치에 배치된다. 글씨체(타이포그래피typography)나 글씨 크기가 확연히 다르거나 미세하게 다른 그림책을 찾아 나란히 펼쳐놓고 비교해보자. 레인 스미스의 『행복한 하하호호 가족』, 미야니시 타츠야의 『메리 크리스마스, 늑대 아저씨』를 살펴보자.

배경과 등장인물

장면의 배경, 주인공 및 조연의 성격과 외모에 대한 표현 등도 살펴보자. 작업할 그림책의 캐릭터를 만드는 데 도움이 되는 것은 물론, 아주 흥미로운 점을 발견하게 될 것이다. 모리스 샌닥은 『괴물들이 사는 나라』의 괴물들을 구성할 때, 어릴 적 자기 집에 들어서자마자 샌닥을 덥석 끌어안으며 "요 녀석, 잡아먹어야지!"라고 놀리던 유태인 친척들을 무시무시하게 여겼던 기억 속에서 이미지를 빌렸다. 그림 작가 김용철은 『훨훨 간다』의 등장인물 중 할머니는 자신의 할머니 모습에서, 할아버지는 동네에서 흔히 봤던 싱거운 말씀을 잘 하던 노인들 모습에서, 농부는 늘 코가 새빨갛던 이웃집 아저씨의 모습에서 이미지를 빌렸다.

그 밖에

그림책 글 작가는 그림책 그림 작가에 대해 충분히 알아야 한다. 그림 작가 또한 글 작가에 대해 충분히 알아야 한다. 자기가 추구하는 그림책을 함께 작업할 이가 누구인지, 미리 상상하고 탐색해야 한다.

"선은 단순하면서도 정교함을 동시에 갖추고 있습니다. 단순하다는 것은, 우리가 어릴 때 무언가를 묘사하고 싶을 때 아무 생각 없이 자연스레 선을 사용한다는 점에서 그렇다는 것이고요, 정교하다는 것은 선이 사실은 '자연' 속에 존재하지 않기 때문입니다. 선이란 교묘한 코드를 지닌, 마치 살아 있는 추상적 개념이라고 할까요?"라고 말한 퀀틴 블레이크는 동화작가 로알드 달의 거의 모든 작품에 삽화를 그리지만, 그림책 작업은 거의 단독으로 감당한다.

그림책 작가를 만나면 처음 그림책 작업에 뛰어들게 된 동기를 물어보자. 회화 전공자들은 대개 자기 그림이 한정된 공간에서 한정된 시간 동안 관람객들과 만나는 것만으로는 만족할 수 없어서 보다 영속적인 형태의 그림책을 시작했다는 경우가 많다. 아이를 키우는 과정에서 그림책이라는 놀라운 예술품을 발견하고, 아이와 함께 공유할 작품을 만들게 되었다는 경우도 적지 않다. 노년에 이르러 작업을 시작한 작가들은 거의 틀림없이 자신의 손자와 손녀를 비롯한 세상의 모든 어린이에게 남겨줄 선물을 만들기로 결심한 경우이다.

편집자와 아트 디렉터의 역할과 특징에 대해서도 이해가 필요하다. 자신의 그림책 글을 가장 잘 표현해줄 협업자로서 이들과의 관계는 무척 중요하다. 편집자는 그림책 글을 썼거나, 쓰고 있거나, 앞으로 쓸 생각이 있는 잠재적 작가인 경우도 적지 않다. 아트 디렉터 또한 그림책 작가의 꿈을 품고 있는 경우가 있다.

그림책, 몸으로 익히기

책의 구조를 마음에 새기고, 그에 따라 그림을 계획하는 것이 중요하다.

_유리 슐레비츠

이제 그림책 글쓰기가 세상 어떤 글쓰기와도 무척 다르다는 사실을 알았을 것이다. 그렇다면 어떻게 이에 익숙해질 수 있을까. 거듭 말하지만, 가장 좋은 방법은 늘 그림책과 더불어 지내는 것이다. 그림책을 읽고, 보고, 손으로 쓰고, 그리면서, 오감으로 즐기자.

그림책 특유의 공간 구조와 구성을 익히기 위한 가장 감각적인 방법은 흔히 '더미dummy'라고 부르는 가책을 만들어보는 것이다. 종이를 접고 잘라서 16장면을 만들고, 면지를 만들어 그림책 형태를 손에 익혀보자. 이런 더미를 여러 권 만든 다음에는 그중 한 권에다 가장 훌륭하다고 생각하는 명작 그림책을 골라 글 자리에 맞춰 글을 필사해 보자. 조금 더 용기를 내어 그림도 따라 그려보자. 이 과정에서 익힌 더미 제작법은 3장의 '그림책 글/더미 만들기'에서 유용하게 활용된다. 스토리보드 story board와 섬네일 더미 tumbnail dummy도 활용해보자.

16장면 더미 만들기

1. A4 용지 8장을 한꺼번에 놓고 절반으로 접어 중심선 자국을 만든다.
2. 다시 펼쳐 바늘에 실을 꿰어 중심선을 따라 꿰맨다. 또는 아래 위에 홈을 낸 다음 탄력 있는 실이나 고무줄로 묶는다.
3. 첫 장부터 차례차례 쪽수를 매겨 32쪽을 마지막 쪽으로 마무리한다.

이런 순서로 더미를 판형에 따라 여러 권 만들어두면 요긴하게 사용할 수 있다. 에릭 로만은 "그림책은 그저 글과 그림을 담는 그릇이 아니다. 모양, 재료, 무게, 제본 등 책의 형태가 그 책의 전체적인 효과에 영향을 미친다."라고 강조했다. 16장면의 가책을 만들면 그림책의 특성을 이해하는 데 도움이 된다.

면지와 표지가 있는 더미 만들기

1. 더미의 맨 앞쪽과 맨 뒤쪽을 감싸기 위해 A4용지 절반 크기보다 조금 큰 하드보드지 2장, 책등을 감싸기 위한 길고 좁은 하드보드지 1장을 재단한 다음 이 모든 것을 천이나 북 커버 용지로 감싸고 풀칠한다.
2. 앞표지, 뒤표지의 안쪽 면과 더미의 첫 번째 면, 마지막 면을 이어 붙일 면지를 2장 준비해 풀칠한다.
3. 이런 식으로 각기 판형을 달리하는 표지 제본 더미를 만든 다음, 그림책 아이디어가 떠오를 때마다 펼쳐보고 만져보면 그림책에 대한 감각을 기를 수 있다.

그림책 글 베껴 쓰기

뛰어난 글을 베껴 쓰는 필사 작업은 동서양을 막론하고 오래된 글쓰기 수련 방법이다. 그저 글을 읽는 것하고는 또 다른 감상이 된다. 문장을 서술하는 데 다름 아닌 바로 그 단어를 골라낸 작가의 의도가 손에 잡히고, 쉼표를 찍을 때의 숨 고르기와 마침표를 찍을 때의 결단을 느끼게 된다. 그림책도 마찬가지이다. 바로 이런 글을 쓰고 싶다고 할 만큼 자신에게 특별히 감동적인 그림책

한 권을 고르자. 표지를 씌우지 않은 빈 더미dummy에 한 장면 원본의 글 자리에 맞춰가며 베껴 써보자. 이것은 16장면보다 양이 많은 시제품 노트라든가 낱장 종이에 베껴 써보는 것보다 훨씬 효과적이다. 단순한 글 베껴 쓰기 이상의 감각, 즉 16장면이라는 그림책의 독특한 구조를 훈련할 수 있기 때문이다.

그림책 그림 모사하기

'글 베껴 쓰기'(필사)와 마찬가지로 '그림 베껴 그리기'(모사)도 화가들 사이에 전해지는 오래된 수련법이다. 주의할 것은 모사가 그림 위에 비치는 종이를 대고 베끼는 것과는 전혀 다른 일이라는 사실이다. 바버러 쿠니·존 버닝햄·앤서니 브라운도 자기가 선호하는 화가의 그림을 수없이 모사하고 들여다보는 것으로 기량을 쌓았다.

    그림을 그대로 따라 그려보면 원래 그림을 그린 사람의 눈을 갖게 된다. 화가의 시선과 각도로, 화가의 마음으로 그림을 바라보게 된다. 열 배, 스무 배 풍부한 그림 감상을 할 수 있을뿐더러 화가의 필선과 색감을 체득할 수 있다. 또 직접 섬네일보드나 스토리보드를 만들 때 크게 도움이 된다. 그림 따라 그리기도 글 베껴 쓰기와 마찬가지로 손수 만든 더미를 사용하는 것이 좋다.

어쩌면 글 작가는 이런 과정이 자신과는 상관없다고 여겨 피하고 싶을지 모른다. 누구에게 보일 게 아니더라도 자신의 세련된 미감에 비춰 너무도 엉망진창인 결과물을 보게 될 게 뻔하니 말이다. 그림 그리기와 상관없이 살아온 세월을 탓하는 대신 이제라도 그림 그리기 놀이를 시작해보자. 『피튜니아』 시리즈의 작가 로저 뒤봐젱은 말한다. "그림책을 만드는 일은 바로 아이들과 함께 노는 것입니다."

다음은 그림책 그림 따라 그리기의 다양한 방법이다.

- 주인공이 클로즈업된 장면을 따라 그려보자.
- 가장 마음에 드는 장면, 가장 드라마틱한 장면, 시작 장면, 결말 장면 등에서 하나를 선택하여 그대로 따라 그려보자. 그 앞 장면과 그 뒷장면을 그려보자.
- 16장면 그림의 흐름을 살펴보기 위해 덩어리 그림을 그려보자. 장면마다 그림 덩어리가 어떻게 배치되어 있는지를 확인할 수 있다.
- 마음에 드는 그림책을 일 년쯤 시간을 잡아 처음부터 끝까지, 모든 장면과 표지와 면지와 판권까지 공들여 따라 그려보자.

스토리보드와 섬네일 더미 만들기

한 장의 종이에 32쪽 16장면에 해당하는 상자 칸을 만든 다음, 덩어리 그림이나 대충 그린 스케치를 채워 순서대로 늘어놓은 것을 말한다. 전체 장면의 흐름과 속도 및 리듬 등을 한눈에 검토하기 위한 것으로, 그림책 전 장면의 조감도라고 할 수 있다. 완성된 스토리보드를 복사해서 잘라 꿰매어 작은 가책을 만들면 그대로 섬네일 더미가 된다.

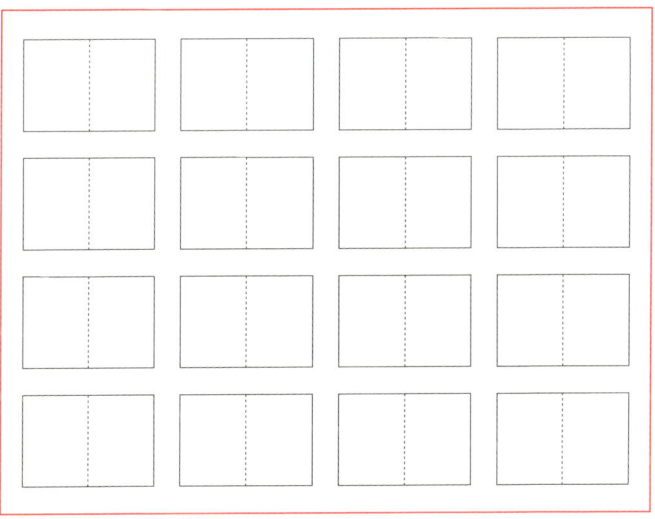

그림책 글감 아이디어 모으기

자기가 하는 일에서 무엇이 가장 자극이 되고 있는지 생각해보자. 정원 손질처럼 어린이와 관련이 없는 일도 좋고, 놀고 있는 아이들의 사진을 찍어보는 등 어린이와 관련 있는 일도 좋다. 모험심을 가지고 자기 주변의 세계를 탐험해보자.

_엘렌 로버츠

『바솔러뮤 커빈즈의 모자 500개』(닥터 수스), 『깊은 밤 부엌에서』(모리스 샌닥)는 전래동요로 만든 그림책으로, 그림책 역사의 토대를 이룬 근대적인 그림책이다.

    화가·조각가·사진작가로서 그래픽 디자이너 겸 아트 디렉터로 활동하던 노년의 레오 리오니는 어느 날 함께 있던 세 살배기 다섯 살배기 손자 손녀들이 심심해하는 것을 보고 잡지의 파랑고 노란 부분을 찢어서 놀아주다가 『파랑이와 노랑이』라는 놀라운 그림책을 만들게 되었고, 이 작품으로 그림책 작가로 데뷔했다. 레오 리오니는 "때때로 우리의 마음속 이미지들은 비록 모호한 것일지라도 예기치 않은 순간, 중요한 의미로 다가온다."라고 말했다.

옐라 마리는 굶주렸던 경험을 바탕으로 『알과 암탉』을 만들었다. 그는 "밀라노에 전쟁이 터졌을 때, 우리는 늘 배가 고팠다. 달걀을 무척 좋아했던 나는 닭에게 풀을 먹여가며 어떻게 커 가는지 지켜보곤 했고, 그때의 경험이 『알과 암탉』을 낳았다."라고 밝혔다.

에즈라 잭 키츠는 「라이프」 잡지에서 오려낸 흑인 꼬마 사진을 벽에 붙여두었다가 그림책 역사상 최초로 흑인 아이가 주인공으로 등장하는 『눈 오는 날』을 만들어냈으며, 이것으로 '피터 시리즈'를 시작했다. 『오른발 왼발』의 작가 토미 드 파올라는 세계 각국의 민담이나 전설을 연구하는 한편 어린이가 질문하는 내용을 늘 마음에 새겨 두었다가 그것을 바탕으로 자신의 어린 시절이나 집안 가족 사이에 일어났던 에피소드를 찾아내고 수집한다. 『할머니의 조각보』의 작가 패트리샤 폴라코는 아일랜드계 아버지와 러시아계 어머니 사이에서 태어나 자라면서 말솜씨 좋은 할머니에게 들은 이야기를 조각조각 풀어내어 그림책으로 만든다.

뉴욕에서 활동하는 일본 작가 기타무라 사토시는 2년간 직접 고양이를 기르면서 '고양이의 눈으로 본 세상은 어떨까'라는 궁금증으로 『냐야? 고양이야?』를 만들게 되었다. 이 책의 서두, 즉 마녀가 창문을 통해 들어오는 장면은 비틀스 앨범 「애비 로드」

의 가사 중 "그녀는 욕실 창문으로 들어왔죠. She came in through the bathroom window."에서 영감을 얻었으며, 제목 '나야? 고양이야?'는 언젠가 한 친구가 사진을 보여주며 했던 말 "나야? 고양이야? Me and My Cat?"를 빌려 썼다.

시골에서 사는 작가 정유정은 자기 집 뜰에서 일어나는 일을 눈여겨보았다가 『오리가 한 마리 있었어요』(보림그림책상 수상작), 『딸기 한 포기』와 같은 진정성 가득한 그림책을 만들어냈다. 신동준은 우연한 기회에 자신이 사는 서울의 도시적 아름다움을 발견하고 도시를 상징하는 지하철과 지하철 티켓으로 구성한 사람 이미지로 『지하철은 달려온다』(2004년 볼로냐국제아동도서전 라가치상 수상작)를 만들었다. 류재수는 교사 시절 비 오는 날 아침에 아이들이 우산을 쓰고 등교하는 모습을 내려다보다가 얻은 이미지를 기나긴 산고 끝에 그림책으로 완성한 『노란 우산』을 출간했고, 이 그림책은 2002년 「뉴욕타임스」 선정 '올해의 우수 그림책' 목록에 오르는 한편 미국·프랑스·일본·중국·이스라엘에 저작권이 수출되었다. 한성옥은 어머니 대부터 살았던 종로구 사직동 129번지의 70년 묵은 적산가옥이 도심 재개발 사업으로 하루아침에 사라진 체험을 떠올려 글 작가 김서정과의 협업으로 『나의 사직동』을 펴냈다. 권윤덕은 시댁으로 합가해 살림을 도맡으면서 단독주택 특유의 가옥 구조와 그에 담긴 우리 고유의 삶의 켯속을 그려 『만희네 집』으로 구현했다.

여기서 기억해둬야 할 것은 무엇이나 그림책 글로 쓸 수 있는 것은 아니라는 점이다. 무엇보다 그림책으로 만들었을 때 가장 효과적인 이야기를 선택해야 한다. 그 아이디어는 그림책의 주제가 될 수도 있고, 소재가 될 수도 있으며, 주인공 캐릭터로 발전될 수도 있다. 하지만 그림 장면으로 표현할 수 없는 것도 있다. "글 작가가 뱀을 주인공으로 설정해놓고 조리대에서 밥을 짓는다고 쓴 거예요. 아마도 이 작가는 뱀을 한 번도 본 적이 없는 모양이라고 생각할 수밖에요. 손이라고 할 만한 것이 없는 뱀이 어떻게 밥을 짓는다는 걸까요? 어떻게 그리라는 걸까요?" 그림책 그림 작가들이 털어놓는 불평을 귀담아들어 두자.

그림책 만들기 관련 용어

그림책의 모든 요소, 즉 글과 그림, 보이는 것과 보이지 않는 것, 내용과 형식 등은 공통의 목표에 부합해야 한다. 작가가 전달하고자 하는 내용만큼이나 전달 방식도 중요하다. 그림책에 알맞은 아이디어를 이야기책 형태로 만드는 것은 옳지 않다.

_유리 슐레비츠

다음은 그림책 출판 제작에 흔히 사용되는 용어이다. 아직 통일성 있게 정리되거나 합의되지 않은 채 쓰이고 있지만, 알아두는 것이 좋다.

화면
그림 이미지가 그려진 면.

화면 전개 또는 장면 전개
각 화면(또는 장면)이 그림책 전체를 통해 보여주는 변화.

화면 구성 또는 장면 구성

한 화면(또는 장면)이 어떻게 연출되고 이루어졌는지를 말하는 구성 방식.

장면

이야기와 그림이 담긴 면 또는 그 단위. 그림책은 대개 16장면(32페이지)으로 이루어진다. 한 장면에 두 화면이 들어가기도 하고, 세 화면 이상이 들어가기도 한다. 화면과 혼동해 쓰기도 한다. 마주 보는 두 페이지 전체를 하나의 화면으로 사용할 때는 정중앙 부분 거터gutter에 사람 얼굴이나 해·달·집 등이 배치되지 않도록 구성해야 한다. 제본에 의해 양쪽이 어긋나거나 벌어지거나 뭉쳐질 수 있기 때문이다.

시퀀스sequence 또는 화소話素

장면과 장면이 모여 만들어지는 이야기 장면. 전체 이야기를 구성하는 최소 단위.

좌우 펼침면

그림책을 펼쳤을 때 오른쪽과 왼쪽 페이지 전체에 걸친 면. 그림이 테두리 없이 지면의 가장자리까지 펼쳐져 있는 경우는 원화 그림이 잘려 나간 것이다. 그림 작가는 잘려 나가는 부분까지

고려해 각 장면을 대개 120% 크기로 그리게 된다.

프레임frame **또는 틀**

그림이 페이지보다 작은 경우 아래·위·오른쪽·왼쪽의 여백 공간이 프레임이 된다. 그림의 테두리가 뭉개어진 경우에도 여백의 공간을 프레임으로 간주한다.

쪽 또는 면page

펼침면의 오른쪽 페이지 면을 '렉토recto'라고 한다.

테두리edges

화면의 가장자리.

쪽 그림

화면의 테두리 바깥에다 조그맣게 그린 그림. 장면이 동시에 보여줄 수 없는 상황을 표현하거나, 유머와 흥미로운 추가 정보를 담기 위한 것이다. '비네뜨' 또는 '작은 그림'이라고도 한다.

돌출 요소

화면의 그림 이미지 속에서 이질적인 색감이나 스타일 또는 형상으로 강조된 부분을 말한다.

텍스트

원래의 뜻에서 축소되어, 그림책의 '글'을 뜻한다.

속도

화면이 전개되는 빠르기를 뜻한다. 이야기의 흐름대로 장면이 진행되지만, 너무 빠르거나 너무 느려서 독자가 흥미를 잃거나 이해할 수 없게 되면 곤란하다.

스토리텔링 storytelling

'이야기하는 것' 또는 '이야기하기'.

스토리보드 storyboard와 섬네일 더미 thumbnail dummy

한 장의 종이에 32쪽 16장면 상자 칸을 만들어 덩어리 그림이나 대충 그린 스케치를 채워 순서대로 늘어놓은 것. 전체 장면의 흐름과 속도 및 리듬 등을 한눈에 검토하기 위한 것으로, 그림책의 조감도라고 할 수 있다. 완성된 스토리보드를 복사해서 잘라 꿰매어 조그마한 가책을 만들면 그대로 섬네일 더미가 된다.

글 자리

각 장면에서 글이 배치될 자리를 말한다. 전체적인 디자인을 고려하되, 대화체 문장은 그림의 발화자 가까이에 두는 것이 좋다. 글 자리를 고려하지 않고 장면을 구성하는 경우 글을 넣기 위해 그림 전체를 수정하는 사태가 벌어지니 조심해야 한다.

섬네일 스케치 thumbnail sketch

각 장면을 손톱 크기로 줄여서 스케치한 것을 말한다. 이때 글이 들어갈 자리도 선을 그어서 표시해두면 세부 그림을 그릴 때 글 자리를 잊어버리지 않게 되어 도움이 된다.

러프 스케치 rough sketch

디테일을 생략한 그림을 말한다. 거듭 수정할 것을 전제로, 시간을 들이지 않고 빠르고 거칠게 그린다.

더미 dummy

책 형태로 임시 제본한 가책을 말한다. 실제 출판될 크기와 모양대로 만드는 더미를 '실제 판형 더미'라고 한다.

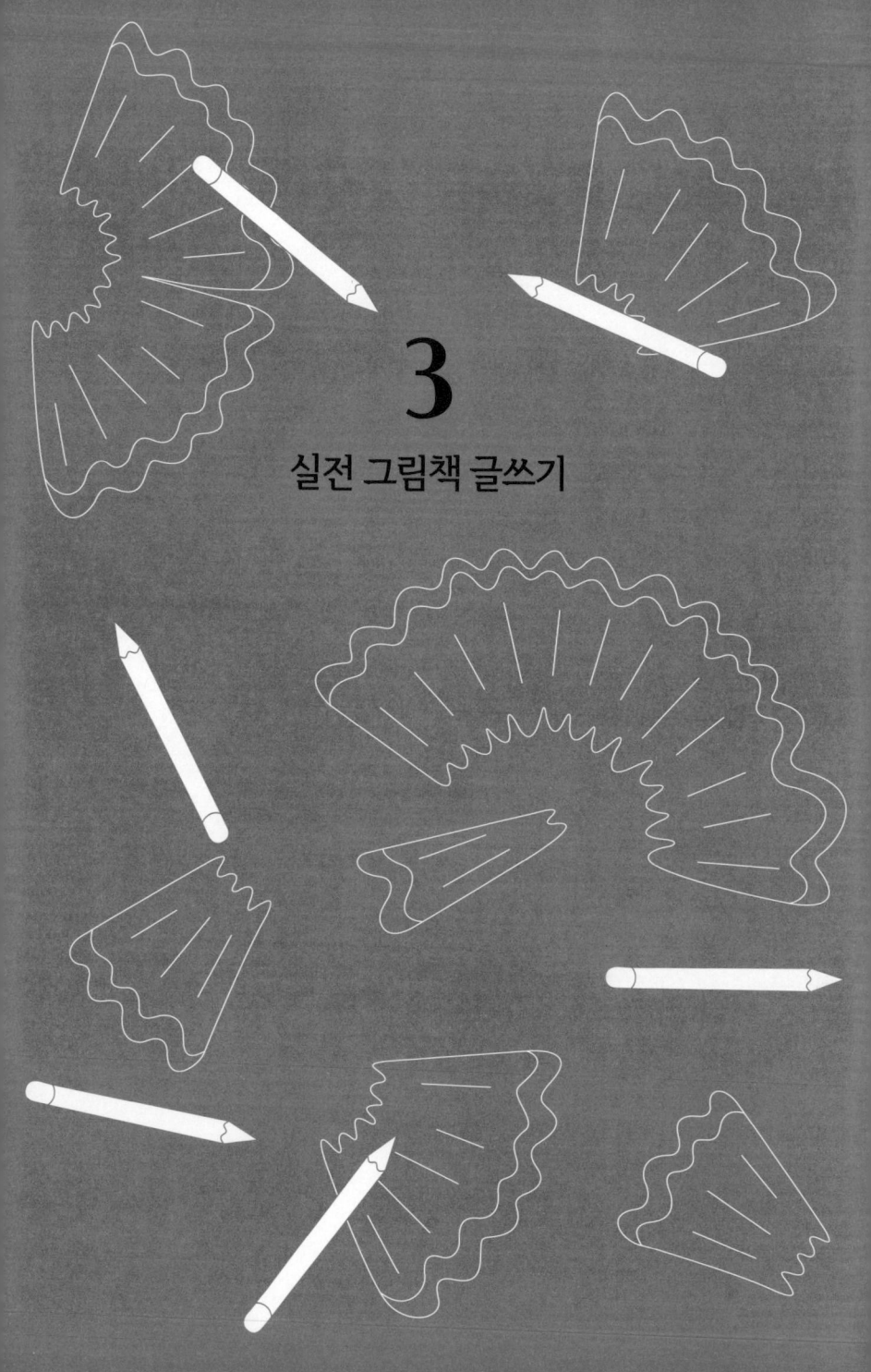

3

실전 그림책 글쓰기

그림책 글쓰기의 실전 훈련

이야기는 글 덕분에 영속성을 갖게 된다. 마음에 드는 페이지를 오랫동안 들여다볼 수 있는 것도, 완전히 외워버릴 정도로 되풀이하여 읽을 수 있는 것도, 동생이나 친구들하고 이야기를 공유할 수 있는 것도 그림책에 글이 있기 때문이다.

그림책의 그림은 어린이를 이야기의 세계로 끌어들인다. 글은 어린이로 하여금 그 이야기의 세계에 머물러 있게도 하고, 다시 불러들이게도 한다.

_엘렌 로버츠

프랜신 제이콥스 앨버츠는 글쓰기의 의미에 관해 이렇게 말했다. "쓴다는 것은 자신에게 가장 소중한 일이다. 눈이나 머리카락의 색깔처럼 오직 자신만의 것이다."

이 장에서는 실제로 그림책 글쓰기를 할 것이다. '나의 이야기'로 창작 그림책 글쓰기를 하는 것이 최종 목표이고, 그 목표를 훈련하기 위한 과정으로서 옛이야기 그림책 더미와 시 그림책 더미를 만들 것이다. 창작 그림책 글쓰기와 옛이야기 그림책 더미 만들기, 시 그림책 더미 만들기는 다음과 같은 순서로 진행된다.

1. 아이디어 찾기와 고르기
2. 주제 연구하기 + 주인공 캐릭터 잡기
3. 줄거리 뭉치기
4. 줄거리에 뼈대 세우기
5. 16장면 만들기_스토리보드와 섬네일컷·섬네일보드 활용하기
6. 글 더미/스케치 더미 만들기

  옛이야기로 그림책 더미를 만드는 과정의 목표는 두 가지이다. 하나는 수많은 세월을 구전하여 구축된, 세상 모든 이야기의 어머니이자 원형인 옛이야기 특유의 탄탄한 구조를 체득하기 위해서이다. 이것은 그림책 글쓰기에서뿐만 아니라 모든 '이야기하기storytelling'의 훈련으로서, 특히 시각 이미지로 사고하고 작업하는 그림 작가들이 못내 두려워하는 '글과 말로 이야기하기'를 도와줄 것이다. 또 하나는 '옛이야기 그림책'을 만드는 훈련이다. 옛이야기로 그림책을 만드는 데에는 창작 그림책과는 또 다르게 지켜야 할 원칙과 피해야 할 금기가 있다. 이미 출간된 옛이야기 그림책 시리즈가 수두룩한데도 출판사마다 새로운 옛이야기 그림책을 만들어내는 이유를 알게 될 것이다.
  시로 그림책 더미를 만드는 과정에서도 여러 가지를 익히고 체득하게 될 것이다. 이 과정의 첫 순서는 시 읽기와 듣기 감상을

거듭하며 그림책으로 구현할 수 있는 시, 다시 말해서 '장면화'의 가능성이 높은 시를 탐색하게 된다. 다음으로 자신이 선택한 시를 다시 깊이 있게 감상한 다음 시각화하는 연구 및 작업에 들어가는데, 이것이 곧 16장면의 더미를 구성하는 바탕이 된다. 이때 시가 은유·직유의 비유와 상징의 기제를 통해 최소한의 언어로 삶을 성찰하고 그 진수를 노래한다는 것, 또 의성어나 의태어의 활용과 반복을 통해 자연스러운 운율을 구사한다는 것을 자연스레 익히게 될 것이다.

그림책 글쓰기에 꼭 필요한 역량을 훈련하는 이 과정에서 뜻밖에도 "어렵다고 생각했던 시를 좋아하게 됐어요!"라든가 "생전 처음 시집을 구입하고 어디서나 읽게 됐어요!"라는 얘기를 종종 듣게 되는데, 기쁜 일이 아닐 수 없다. 그런 이들 중에는 장면화하기 좋은 시를 애써 찾아놓고도, 자신이 직접 시를 써서 작업하겠다는 열정을 보이기도 한다.

옛이야기로 그림책 글/더미 만들기

> 좋은 조언이 떠오르지 않을 때는 옛이야기가 언제나 조언을 해줄 줄 알았다. 어려운 처지에서, 그리고 정작 조언이 필요할 때, 가장 가까이서 얻을 수 있었던 것은 옛이야기의 도움이었다. … 이러한 조언을 옛날에는 옛이야기가 인류에게 가르쳐주었다면, 오늘날에는 아이들에게 가르쳐주고 있다.
> _발터 벤야민

옛이야기와 그림책

옛이야기는 오랜 시간 많은 사람을 통해 존속된 이야기이다. 유럽 민담 학자 막스 뤼티는 "옛이야기는 독특한 세계문학이다. 수많은 옛이야기가 전 세계를 떠돌고 격변하는 시대를 지나 여전히 살아 있다. 그런 이야기는 끊임없이 서로 다른 환경에 적응해 외형은 바뀌지만 구조와 양식, 모티프 등 주된 부분은 원형 그대로이다. 이 놀라운 불변성은 옛이야기가 '시대와 장소를 초월해 인간의 마음에 합치되는 것'이라는 걸 말한다."라고 정의한다.

그런데 강의실이나 강연장에서 청중을 향해 자신이 잘 알고 있는 옛이야기를 한 가지 해보라고 하면, 믿기 힘든 일이 벌어진다. 아무리 열심히 생각해봐도 떠오르는 이야기가 없다는 이가 대다수이고, 두어 사람이 의기에 차서 발표하는 옛이야기라는 것도 '백설공주'와 '미녀와 야수'에다 '콩쥐팥쥐'와 '장화홍련전'을 뒤섞은 채 횡설수설 제대로 결말을 맺지 못하기 십상이다. 초등학교와 유치원 아이들의 경우는 훨씬 나은 편인데, 그나마 다행이라고 해야 할까?

가족 형태와 가옥 구조를 비롯한 여러 가지 시대적 환경과 문화적 취향의 변모에 따라 옛이야기가 입에서 입으로 전해지는 구전 전승은 거의 맥이 끊겼다고 보아야 할 것이다. 그렇다고 해도 옛이야기를 모르고 산다는 것은 큰 손실이다. 그것은 내가 쓸 수 있는 자산으로 그득한 보물창고를 방치하는 것이나 다름없다. 작가의 경우, 특히 그림책 작가의 경우 옛이야기는 이야기 구조와 어법 면에서 반드시 장착해야 할 기본 콘텐츠라 할 수 있다.

옛이야기는 일정한 특징을 지닌다. 이에 대해 서정오는 "되풀이와 맞섬, 차오름과 구성진 가락, 고정된 시점, 그리고 줄거리를 따라 앞으로 성큼성큼 나아가는 간결성이 옛이야기가 구전됨으로써 갖는 특징"이라고 짚었다. 옛이야기를 재화한 그림책에 대해 엄혜숙은 "옛이야기 하나로 여러 작가가 그림책을 만들 때, 원작의 재화 및 이미지화 방식은 그림책에서 독창성과 차별성을 낳은 관건이 된다. 그림책에서 이미지화 방식은 그림책 창작의 핵심이며 원작에 대한 작가의 해석인 것"이라며 이미지화 방식을 강조했다.

토미 웅거러는 도무지 현실에서 일어날 수 없는 엉뚱한 이야기를 시작할 때 '옛날 옛적에'로 서두를 연다. 민담이란 그야말로 옛날이야기, 옛이야기이다. 설화는 대개 신화, 특정한 시공간이 제시되거나 지금도 구체적인 증거물이 존재하는 이야기인 전설, 민담, 이 셋으로 분류한다.

설화는 한 민족이 세대를 거듭하며 입에서 입으로 전해온 이야기이다. 세세손손 그 땅의 사람들이 먹고 입고 살아온 모든 것이 담겼기 때문에, 누구나 쉽게 듣고 즐기고 옮겨 얘기할 수 있는 구전담이다. 그중에서도 민담은 보통 사람들이 살아가면서 겪은 민중의 일상 이야기로, 세계 곳곳에 비슷한 내용이 퍼져 있다. 옛이야기 그림책은 이 민담 가운데서 아이들과 함께 공유할 수 있는 이야기인 전래동화를 그림책으로 만든 것이다.

옛이야기를 듣는다는 것은 세상을 보는 새로운 관점을 얻는다는 것이다. 특히 아이들은 옛이야기를 들으면서 세상에 대한 믿음, 다시 말해 '예기치 못한 곤경과 부당한 어려움에 처해도 꿋꿋하게 잘 이겨내면 결국 승리하게 되고 행복한 결말을 맞게 된다', '악행은 얼핏 매력적이고 유혹적이지만 결코 승리할 수 없다'는 것을 마음 깊이 새기게 된다. 옛이야기 속의 인물에 자신을 투사해 '우리 집은 왜 친구네 집보다 가난한가?', '나의 어머니는 왜 장애가 있는 분인가?', '형(언니)은 어째서 나를 못살게 굴까?', '나는 왜 동생으로 태어났을까?', '내게는 왜 아버지가 없을까?' 등의 납득하기 힘든 결핍이나 '나는 왜 형보다 못한가?', '할머니가 돌아가신 건 내가 할머니 말을 안 듣고 힘들게 해서였기 때문일까?', '나는 왜 또래 아이들처럼 시계를 얼른 읽어내지 못하는 못난이일까!' 등 성장하면서 무의식적으로 겪는 심각한 내면적 억압을 옛이야기 속의 드라마를 통해 마음 편히 이해하게 되고, 결말의 행복을 통해 자신감과 자긍심을 회복하게 되는 것이다.

이처럼 성장에 꼭 필요한 옛이야기를 들을 기회가 없는 아이들, 특히 문자 해독이 어려운 어린아이들을 위해 옛이야기 그림책은 만들어진다. 그림책에서는 옛사람들의 모습과 삶의 풍경을 그림으로 볼 수 있어 내용을 더욱 풍부하게 구체적으로 즐길 수 있다. 나는 옛이야기의 공통 주제가 통과 의례적 '성장'이며, 바로 그것이 수많은 그림책의 존재 이유이기도 하다는 일치점에 번번이 놀라곤 한다. 다음은 옛이야기 그림책과 관련된 개념어들이다.

구전口傳문학

말로 전해지는 문학이라는 뜻으로 '기록문학'에 대한 상대적 개념이다. 비슷한 개념의 용어는 구비口碑문학으로, 말로 된 비석,

즉 비석에 새기듯이 유형화되어 전해지는 문학이라는 뜻이다.

구연口演문학 Oral Literature

어떤 문학 작품을 음성 변화와 표정 및 몸짓으로 전달하는 것을 말하며, 구전문학은 구연을 통해 전해질 때 가장 제맛을 살려낼 수 있다. 그러나 그림책은 읽어내고 즐겨야 할 그림의 양이 많기 때문에 구연하기보다 차분히 단순하게 전달하는 편이 낫다.

각편各篇, version

예를 들어, 동일한 이야기가 각각 개성과 의식이 다른 구연자 개인 세 사람에 의해 구연된다면 세 편의 각편이 생겨난다. 그러나 대개 각편은 저본에 대한 공동의식에 근거를 두기 때문에 불변의 화소를 훼손해서는 안 된다. 『나무꾼과 선녀』 유형의 각편은 140편이 넘는다.

판본板本

각편들 가운데 문헌 자료로 기록되어 전하는 이야기를 말한다.

이본異本

내용이 서로 다른 판본들을 일컫는다.

저본底本

각 편의 원본으로 삼는 이야기를 일컫는다.

선본善本/**악본**惡本

이본들 가운데 내용이 훌륭한 것/그렇지 않은 것을 가리키는 말이다.

재화再話 retelling

옛이야기를 그림책이나 동화 또는 시·소설 등으로 다시 쓰는 것을 말한다. 재화 방식에 따라 기존의 옛이야기를 바탕으로 서사구조를 변개하지 않고 만든 그림책을 '선텍스트형 그림책'(엄혜숙) 또는 '다시 쓴 옛이야기 그림책'(서정오)이라 한다. 그림책을 만들기 위해 글과 그림을 새롭게 만든 것을 '오리지널 텍스트형 그림책'(엄혜숙)이라고 하는데, 작가가 옛 서사문학에서 모티프를 끌어오고 개인적인 상상력을 동원해서 만든 것을 '창작 옛이야기 그림책'(김환희), '새로 쓴 옛이야기 그림책'(서정오)이라고 할 때와 거의 같은 개념이다. 패러디 옛이야기 그림책은 낯선 관점으로 옛이야기를 개작하는 것으로, '고쳐 쓴 옛이야기 그림책'(서정오)이라고도 한다.

화소(모티프)

이야기를 구성하는 최소 단위를 말한다. 화소의 성격에 따라 '흥미소' '변이 화소' 등으로 지칭한다.

옛이야기의 특질과 어법

옛이야기는 경이로울 정도로 희망적인 메시지를 담고 있다. 옛이야기를 통해 사람들은 복잡하게 뒤엉킨 과거의 실타래로부터 벗어나 불확실한 미래를 자신 있게 걸어 들어갈 수 있는 용기와 희망을 발견한다. 특히 어린이를 심리적 억압에서 자유로울 수 있게 해준다. _베레나 카스트

민담은 특정 의도 없이 순수하기 때문에 기꺼이 우리를 맡길 수 있다. … 민담의 주인공이 이름 모를 사물과 형상들의 본질과 기원을 묻지도 않고 이들이 자신을 움직이고 이끌게 놔두는 것처럼, 우리는 민담이 우리의 삶에 선사하는 도움에 감사하며 이 도움을 반감 없이 받아들이는 것이다.
_막스 뤼티

옛이야기는 설화의 한 갈래인 민담을 일컫는 말이다. '옛이야기 그림책'은 민담 가운데서도 아이들과 공유할 수 있는 '전래동화'를 근간으로 삼는다. 그런데도 옛이야기 그림책 출간이 이따금 논란이 되는 것은, 옛이야기 그림책을 만드는 과정에서 옛이야기의 고유한 특질을 놓치는 실수를 할 수 있다는 점 때문이다.

아무리 글과 그림이 유려한 결과물이 나왔다 해도 옛이야기 그림책이 옛이야기다운 옛이야기, 옛이야기의 특질을 오롯이 담지 못했다면 실패작이다. 옛이야기의 특질이란 무엇을 말하는가? 그것은 옛사람들이 옛이야기를 어떻게 즐기고 어떻게 전했는지를 떠올리면, 그러니까 옛이야기의 구연 현장을 상상해보면 자연스레 알 수 있다.

옛이야기는 힘겹게 살아가는 서민들이 고단한 일상을 틈내어 쉴 때 서로 주고받으며 즐겼던 소박한 재밋거리였다. 주로 선과 악의 투쟁에서 선이 승리할 것이라는 믿음을 주는 이야기, 지혜로운 약자인 민중이 어리석은 강자인 권력자를 무찌르는 승리담이었다. 통쾌하고, 재미있고, 행복한 결말에 모두가 흐뭇해지고 행복해지는 판타지였던 것이다. 그리고 무엇보다 오락거리가 따로 없었던 아이들에게 들려줬던 흥밋거리였다.

이런 까닭에 옛이야기는 그 내용이며 구조며 표현 등 모든 것이 쉽게 듣고 즐긴 다음 쉽게 옮길 수 있어야 했다. 그렇지 않았더라면 당시에도 즐길 수 없었을 것이며, 녹음 수단 없는 시간을 거쳐 오늘날 우리에게 전해지지 못했을 것이다.

다음 옛이야기의 특질을 새겨두자.

시작

모든 옛이야기는 '옛날 옛적에'로 시작한다. '만약'이라든가

'어쩌면'으로 시작되는 이야기는 없다. 이 '옛날에'의 시작은 결코 이야기의 과거 시제를 강조하려는 것이 아니다. 오히려 옛날에 있었던 일은 언제나 다시 일어나는 경향이 있다는 것을 암시한다. 옛이야기가 그리는 세계의 확실성과 명확성을 의미하는 것이다. 따라서 상투적인 서두 '옛날 옛적에' '옛날 한 옛날에' 또는 '호랑이가 담배 피우던 시절에'를 생략해서는 안 된다.

민중성

옛이야기는 힘없고 가난한 서민들의 공동창작물이다. 우리 구비문학 체계를 세운 국문학자 조동일은 "옛이야기의 주인공은 모두가 일하면서 살아가는 민중이고, 모든 옛이야기는 민중의 생활에서 우러나온 것이다. 창조자와 향수자가 무릎을 맞대고 호흡을 같이 하는 이야기로서, 선과 악의 대결에서 선이 마침내 승리한다는 믿음, 낡은 권위나 굳은 관념을 파괴하고 삶의 진실된 모습을 보여주는 것이라야 한다."고 옛이야기의 민중성을 강조했다. 따라서 '선비가 머슴을 이기는 이야기'라든지, '원님이 악한 농부를 지혜롭게 벌주다'라는 식의 이야기는 대개 지배층의 호사가가 만들어낸 이야기로, 옛이야기의 특질이 훼손된 각 편이다. 옛이야기에서는 반드시 하인이나 머슴이나 힘없고 가난한 농부가 승리한다.

초현실성과 일차원성

옛이야기에는 현실에서 일어날 수 없는 일들이 일어나고, 현실 세계 저편의 피안적 존재, 즉 마녀·요정·거인·요괴·마법사와 상상의 동물이 나타난다. 평범한 동물들도 갑자기 말을 하기 시작하며 초자연적 능력을 발휘한다. 별이나 달이나 바람이 주인공에게 중요한 조언을 한다. 그러나 옛이야기의 주인공과 조연들은 마치 자신들 또한 이미 그러한 피안의 존재인 양 피안의 존재를 대한다. 전혀 놀라지 않을뿐더러 태연히 선물을 받거나 거절하며, 도움을 받거나 외면하며, 나아갈 길을 향해 계속 나아간다. 이를테면 "막내는 너무 놀랍고 무서워서 엉엉 울었어요."라고 하지 않고, "막내는 놀랐지만 곧 다시 길을 떠났어요."라고 얘기한다.

시간과 장소 또한 일차원성을 띤다. 옛이야기에서 어린 주인공은 차차 나이 들어가지 않고, 마법이나 도술에 의해 느닷없이 백발노인이 된다. 또한 현실에서는 불투명하고 복잡한 관계로 맺어진 것들이, 옛이야기에서는 가벼워지고 명료해지며 인형 놀이를 하듯이 단순해진다. 우리가 현실에서 부분적인 진행과 이해할 수 없는 운명을 본다면, 옛이야기는 모든 요소가 정확히 제 위치에 자리 잡은 세계 즉 그 자체로 행복한 세계를 우리 앞에 보여준다.

평면성

등장인물은 실체도 없고 내면도 없다. 종이 인형 같고, 도형 같은 평면성을 띤다. 병이 나되 어떻게 병이 났는지 말하지 않고, 호랑이가 할머니를 먹어도 피가 나거나 상처가 없고 아무도 그에 대해 말하지 않는다. 이야기의 시간·장소·배경이 동일한 평면에 나란히 펼쳐져 있다. 따라서 조상이나 자손 같은 가계나 내력을 들먹이지 않고, 마법의 물건도 상속되지 않는다. 쫓겨나고 떠나는 것으로 고립되며, 주인공은 본질적인 것과 만나기 위해 집을 떠난다. 구원자 또한 주인공의 의지나 노력에 의해서가 아닌 선물 형식으로 불러들인다.

추상적 양식

추상화가 선이나 색 또는 형태만으로 화면을 만들듯이, 옛이야기는 현실을 승화시킴으로써 사건이 투명해지고 무겁지 않게 된다. 즉 사건과 형상을 추상적으로 서술함으로써 옛이야기는 명확해지고 확실해진다. 가벼운 움직임, 줄거리의 신속한 진행, 주인공의 방랑을 통해서 옛이야기는 자유로워지고 가벼워지는 것이다. 얽매임과 자유로움, 확실성과 움직임, 확고한 형식과 가볍게 진행되는 줄거리가 결합되어 예술적 통일체를 이루고, 듣는 사람에게 마법적인 영향을 미친다.

비관능성

옛이야기에서는 성性과 관련된 관능적인 소재들 또한 현실에서 벗어나 있다. 신부를 얻기 위한 노력, 결혼식, 결혼생활, 아이를 갖고 싶은 소원은 옛이야기의 중심 모티프들이지만 근본적인 의미에서 관능성과 거리가 멀다. 훔쳐보려는 욕구 또는 보여주려는 욕구, '나체'를 거론할 때에도 옛이야기에서는 결코 관능적이지 않다. 옛이야기에서의 벌거벗은 나체는 화려한 옷과 상반되는 극단적 표현양식 요소일 뿐이다.

고립성

옛이야기에서는 부모 없는 고아, 길 잃은 자, 내쫓긴 자, 늦도록 장가 못 간 노총각, 죽도록 일하고도 새경을 못 받는 머슴, (가장 나중에 태어남으로써 부모와 연대 기간이 짧은) 막내가 주인공이 된다.

기적·선물·과제

옛이야기의 등장인물에게는 독자적인 내면세계가 없다. 따라서 당연히 무엇을 결심하고 이루는 것도 독자적으로 할 수 없다. 그래서 외적 동인, 즉 기적과 선물과 과제를 시의적절하게 부여함으로써 드라마를 전진시키지 않으면 안 된다. 전진을 촉발하는 이러한 외적 동인 또한 옛이야기의 본질이다.

주인공

옛이야기의 주인공은 특별히 착하거나 머리가 좋다기보다는 복 받은 존재이다. 또한 활동적이며 진취적이다. 멈춰서 골똘히 생각하는 전설 속 인간들과는 달리 방랑하는 인간이며 행동하는 인간이다. 주인공은 자석에 끌리듯이 확실한 길을 걷고, 세상이 요구하는 선을 긋는다. 주인공은 자신의 독자적인 길을 추구하는 과정에서 뜻하지 않게 다른 사람을 구한다. 또는 자기 일은 팽개쳐놓고 다른 사람을 구한다. 또는 죽이려다 구하게 된다.

세계 함유성

옛이야기는 세계를 관찰하고 서술하려는 서사적 노력의 성취라고 할 수 있다. 결코 빈둥거리는 유희가 아니라 세계 체험을 형상화하는 것이다. 온갖 임의의 요소를 승화시켜 자신 속에 받아들일 수 있다. 실제로 옛이야기에는 인간 존재가 지닌 모든 본질적인 요소가 반영되어 있다. 각각의 옛이야기는 대개 작고 큰 세계, 사적이고 공적인 사건, 현세의 관계들과 피안의 관계들을 포괄한다. 결국 옛이야기는 세계를 자신 속에 받아들이는 포괄적인 형식이다. 옛이야기라는 유리구슬 속에 세계가 비치는 것이다.

메시지

옛이야기는 궁극적으로 행복과 희망의 메시지를 전한다. 존재적 불안과 삶의 어려움을 잘 이겨내면, 부모에게 집착하지 않고 홀로 독립된 길을 걷다 보면, 진실하고 성숙한 사랑을 발견하고 믿고 만족스러운 관계를 맺으면, 오래오래 행복하게 살게 된다는 메시지를 다양한 형태로 전달한다.

사건

옛이야기는 복잡하지 않게, 결말을 예견할 수 있게, 진행된다. 옛이야기의 초점은 원래 결말에 이르러 손에 넣는 보물이나 왕국이나 어여쁜 아내에 있는 것이 아니라, 모험 그 자체에 있는 것이다. 옛이야기가 등장인물에 선사하고자 하는 것은 세속적 행복이 아니라 가능성이다.

결말

옛이야기의 결말은 거듭하고 거듭하여, 대개 세 차례에 걸쳐 과제를 해결하고 고난을 겪은 주인공이 행복하게 잘 살게 되는 것으로, 또는 '지금까지도 어디선가 잘 살고 있다더라'라고 끝맺는다.

한편 옛이야기는 마치 음악처럼, 얘기되고 있는 시간 동안만 사실로 존재한다. 그리하여 리듬과 숨결을 살려가며 입으로 말하고 귀로 듣는 이야기, 다시 말해 구전담으로서의 어법을 지닌다. 옛이야기의 '문법' 아닌 '어법'은 그 자체로 옛이야기의 중요한 속성이 된다. 옛이야기 그림책 또한 이런 어법을 따라야 한다. 전 세계 공통의 옛이야기 어법은 할아버지와 할머니의 마음으로 손자와 손녀들이 쉽게 알아듣게끔 정성껏 이야기하려 노력하는 것이다.

다음은 옛이야기의 어법을 정리한 것이다.

단순성

옛이야기는 단순해야 한다. 현대의 소설과 달리 재화자의 의도를 추가하면 원래 이야기의 성격이 달라진다. 옛이야기다운 사실과 사건만 전달해야 한다.

간결성

중요한 일만 간결하게 이야기함으로써 뚜렷한 장면을 떠올리게 한다. 옛이야기 그림책의 문장 또한 세세히 묘사하지 않고, 주로 동사로 기술하는 거칠고도 힘 있는 글이 되어야 한다. "호랑이는 할머니를 오도독오도독 먹어 치웠습니다."라고, 맛이나 느낌을 말하지 않고 굶주린 호랑이가 벌이는 상황만을 극단적으로 얘기하는 식이다.

상징성

옛이야기에서 꽃이나 음악은 그 자체의 아름다움이나 우열성으로 해석 되지 않는다. 상징이나 기능의 역할을 맡는다.

반복성

같은 장면은 같은 말로 반복한다. 장소·시간·조건·상황을 하나로 일치시켜 빠른 속도로 목표를 향해 나아가는 것이다. 『팥죽 할멈과 호랑이』(조호상 글, 윤미숙 그림)에서 팥죽 할멈이 쭈그려 앉아 우는 것을 본 지게와 멍석과 물찌똥 들은 똑같은 말로 묻고, 팥죽 할멈 또한 똑같은 말로 대답한다. 이것은 귀로 듣고 기억해 입으로 전달하는, 구전을 돕는 장치이기도 하다.

세 번과 세 가지와 세 번째

세 번 반복하면 가장 많이 한 것이고, 세 번째가 가장 길거나 가장 큰 것이다. 형제라면 삼형제, 딸도 세 딸, 넘었다 하면 세 고개이다. 이것 역시 구전을 위한 기억에도 도움이 되는 특질이다.

의성어·의태어

옛이야기는 꾸밈말로 묘사하지 않고, 현재진행형 소리말과 몸짓말을 주로 사용한다. 관념이 끼어들지 않도록 즉물적으로 표현한다.

잔혹성

옛이야기에서 인물이나 동물은 종이 인형 같은 존재로 등장한다. 이것은 삶과 생명의 본질을 진정성 있게 전하고자 하는 옛이야기의 상징성을 뜻하는 특질이다. 옛이야기에서는 사악한 여왕이 네 마리 말에 묶인 채 사지가 찢겨도 피가 흐르지 않는다. 상처도 생기지 않는다. 아무리 잔혹한 처형에 의해서도 인간의 아름다운 형태가 진정으로 파괴되지 않는다. 그림형제의 '룸펠슈틸츠헨'은 왕비가 자기 이름을 알아맞히자 발을 동동 구르며 한쪽 발을 잡고는 자기 손으로 자기 몸을 반으로 찢는다. 만약 그림 작가가 이 장면을 그려야 한다면 재치 있게 상황을 암시하거나 종이 인형이 찢어지는 느낌으로 구현해야 할 것이다. 폴 오 젤린스키의 『룸펠슈틸츠헨』에서는 '너무너무 화가 나서 국자 위에 펄쩍 뛰어 올라타고 창밖으로 날아가' 버렸다는 문장과 함께 국자를 타고 날아가는 룸펠슈틸츠헨의 뒷모습을 쪽그림으로 보여 준다.

옛이야기로 그림책 글/더미 만들기

옛이야기 고르기

'여우 누이' '해와 달이 된 오누이' '콩쥐팥쥐' '나무꾼과 선녀'…… 옛이야기를 몇 가지나 알고 있는가? 그림 형제가 옛이야기를 채록해 모은 것처럼 우리 학자들도 이 땅의 산간 오지 곳곳으로 구전 현장을 찾아다니며 옛이야기를 채록하고 정리해놓았다. 도서관에 가서 옛이야기 모음집을 찾아보자. 어린이를 위한 것에서부터 연구자들을 위한 것까지, 다양한 옛이야기 책을 볼 수 있을 것이다.

그림책 작업을 위해 옛이야기를 고르는 가장 좋은 방법은, 어린이를 위한 옛이야기 책을 읽고 그림책으로 만들기 좋겠다고 생각되는 것, 그리고 자기가 좋아하는 이야기(그림 작가의 경우에는 자기가 잘 그리거나 그리기 좋아하는 요소가 포함된 이야기)를 찾는 것이다. 이를테면 '부족한 존재에서 성장해 성공하는 유형'의 이야기를 좋아한다면 '출세한 머슴 이야기', '가난한 총각이 아름다운 각시를 얻은 이야기' 등으로 범위를 좁힌 다음 '우렁 각시 이야기'를 정하는 식이다.

대강의 이야기 유형을 정한 다음에는 『세계민담전집 1-10』(황금가지), 『옛날이야기 꾸러미 1-5』(집문당), 『우리 옛이야기 백가지 1, 2』(현암사), 『한국민담의 심층분석』(집문당), 『구비문학대계』(한국정신문화연구원) 등의 민담 채록 문헌과 자료에서 그 이야기의 다양한 이본을 찾아 읽는다. 비슷한 이야기들이 적지 않다는 것, 그것들이 전혀 다른 이야기처럼 여겨지는 이유가 서로 다른 화소와 등장인물과 소재 때문이라는 것, 특별히 어떤 화소가 감동적으로 다가온다는 것 등을 알게 될 것이다. 이때 주의할 점은 자기가 정한 옛이야기가 이미 그림책으로 출간된 것을 보지 않아야 한다는 것이다. 출판 인쇄물의 강렬한 효과 때문에 자신도 모르게 화소 구성과 해석, 장면 연출을 모방하고 좇게 된다.

화소 연구와 줄거리 뭉치기

화소란 이야기의 최소 단위이다. 이상하고 특별하고 신기한 에피소드가 화소의 조건이 된다. 자신이 선택한 옛이야기의 몇 가지 이본을 찾아놓고 화소와 등장하는 인물, 소재를 연구해보자. 어떤 흥미 화소와 변이 화소에 의해 전체 이야기의 결이 달라지고, 주제가 바뀌는가? 다양한 관점에서 해석해보자.

내가 '우렁이 각시'를 재화하기 위해 찾아낸 이야기들은 참으로 다양했다. 최대공약수인 주제는 '불우하고 외로운 사람에게 행운이 찾아왔으나(구원이 시작되었으나) 때를 기다리지 못해 놓친다'였고, 그 뒤에 붙는 화소들에 의해 행복한 결말 또는 불행한 결말이 결정되었다. 다음 이본들 가운데 어떤 각편이 옛이야기의 특질에 가장 잘 부합되며 그림책으로 알맞은가?

- 우렁 각시를 빼앗긴 총각이 애통해하다가 죽어서 벌레(누에)가 되고 뽕잎만 먹다.
- 임금한테 끌려간 각시를 찾아가서 사연을 얘기하고 함께

돌아와 잘 살다.
- 각시를 탐내는 임금과 내기를 해서 이긴 총각이 부자가 되다.
- 임금에게 빼앗긴 각시를 되찾기 위해 갖은 노력을 한 총각이 임금과 옷을 바꿔 입고 임금이 되다.
- 각시를 탐내는 임금이 낸 문제를 잘 풀고 총각이 각시를 되찾아 행복하게 살다.
- 임금이 빼앗아온 각시의 수심을 풀기 위해 잔치를 벌이고, 총각을 찾아내어 원님으로 명하다.
- 각시를 빼앗기고 원님한테 맞아 죽은 (새가 된) 총각을 광에 묻었는데, 그마저도 파내어버리자 각시가 죽다.
- 각시가 원님한테 붙들려 갔다가 흉한 꼴로 돌아와서 총각과 함께 다시 잘 살다.
- 나라님(임금)한테 붙들려 간 각시 때문에 애통해하던 총각은 새가 되고, 각시는 잘 살다.

저본을 정하는 것과 별도로 위의 각편들에 등장한 인물과 도구 및 기물을 분석해보자.

총각	우렁이 각시	원님	쇠스랑	항아리	새
	달팽이 각시	감사	호미	농짝	누에

구슬 각시	나라님	낫	단지	파랑새
자라 각시		괭이		
고둥 각시				
논고둥 각시				

  이런 연구 과정에 의해 결정되고 정리된 화소를 엮어 줄거리를 만들어나가면서 본격적인 재화再話 작업에 들어가게 된다. 이때 전체 화면을 어떻게 연출하여 풀어나갈 것인가, 각 장면은 어떻게 구성할 것인가를 함께 생각하여 덩어리 이미지로 구상해본다. 아울러 결말 장면에 대해서도 대강의 이미지를 그려본다. 옛이야기 그림책의 결말은 행복하게 마무리되어야 하지만, 그러나 행복이 결코 얼렁뚱땅 이루어지는 것이 아니듯이, 행복한 결말에 기여할 수 있는 갈등 화소를 적절히 취해 개연성 있게 구성해야 할 것이다.

  화소 연구가 끝난 '우렁이 각시'의 줄거리는 다음과 같이 정리되었다.

    혼자 사는 나이 든 총각이(화소1)
    우렁 각시를 이러저러한 사연으로 얻게 되고(화소2)
    때를 기다리라 했음에도 서둘러 함께 살기를 소원한다(화소3).
    소원은 이뤄졌으나, 곧 사냥 나온 임금에게 어여쁜 각시를 빼

앗기고(화소4),

각시가 끌려가며 남긴 조언대로 눈치 보기와 활쏘기와 뜀뛰기를 각각 3년씩 배운다(화소5)

각시는 '웃지 않는 왕비'로 살아가다가 임금에게 거지 잔치를 열어달라 청한다. 거지 잔치 마지막 날, 총각이 새털옷을 입고 들어오자 마침내 왕비가 웃고(화소6),

임금은 자기도 왕비를 웃게 하고 싶어 거지(총각)의 새털옷을 자기 옷과 바꿔 입는다. 총각은 임금 옷을 입자마자 왕비의 뜻을 눈치채고 냉큼 용상에 뛰어올라 앉는다. 새로운 임금은 새털옷 입은 거지를 활 쏘아 죽이고(화소7),

왕비와 함께 백성을 잘 보살피며 행복하게 살았다(화소8).

뼈대 세우기

뼈대 세우기란 집짓기 과정에서 골조를 세우는 격으로, 이야기를 구조화하는 것을 말한다.

다음 네 단계로써 줄거리를 구조화한다. 재화자에 따라 각 단계를 달리 구조화할 수도 있다.

기起: 발단 ― 주인공과 시공간 배경이 소개되고 사건이 일어나는 단계

승承: 전개 ― 발단된 사건을 발전시키는 단계

전轉: 위기＋절정 ― 발전된 사건이 드라마틱해지면서 결말로 치닫는 단계

결結: 결말 ― 이야기의 끝을 보여주며 행복감으로 마무리하는 단계

'우렁이 각시'의 줄거리는 이렇게 구조화되었다.

혼자 사는 나이 든 총각이 우렁이 ― 우렁 각시를 얻게 되고 / 기 함께 살 때를 기다려야 한다는 각시의 말을 듣지 않고 함께 살기를 소원한다. 소원은 이뤄졌으나 사냥 나온 임금에게 어여쁜 각시를 빼앗기고, 각시가 끌려가며 남긴 조언대로 눈치 보기와 활쏘기와 뜀뛰기를 각각 3년씩 배운다. 각시는 '웃지 않는 왕비'로 살아가다가 임금에게 거지 잔치를 열어달라고 청한다. / 승

거지 잔치 마지막 날, 총각이 새털옷을 입고 들어오자 마침내 왕비가 웃고, 임금은 거지(총각)의 새털옷을 자기 옷과 바꿔 입는다. 총각은 임금 옷을 입자마자 왕비의 뜻을 모두 눈치채고 냉큼 용상에 뛰어올라 앉는다. / 전

총각은 새털옷 입은 임금을 활 쏘아 죽이고 새로운 임금이 되어 지혜로운 왕비와 함께 백성을 잘 보살피며 행복하게 살았다. / 결

16장면 만들기

본격적인 집짓기, 다시 말해 그림책 장면 만들기가 시작된다. 구조화된 줄거리를, 화소를 살리고 흐름을 만들어가며 장면화한다. 대개 기/승/전/결 구조 네 덩어리를 더 작게 쪼개는 방식으로 대략 15, 16장면을 만든다. 이 과정에서 글과 그림 설명으로 스토리보드와 섬네일 더미를 만들어 속도와 흐름을 검토한다. 그림 작가의 경우 덩어리 그림 섬네일 더미와 러프 스케치 스토리보드를 만들게 된다.

나는 '우렁이 각시'의 대략 장면을 모두 연출한 다음 검토 과정에서 '총각이 새털옷으로 바꿔 입은 임금을 쏘아 죽인다'는 결말 장면을 '임금을 궁궐 밖 결코 돌아올 수 없는 곳으로 쫓아냈다'로 바꿨다. 옛이야기에서 '죽인다'는 것은 통상 악한을 처리하는 방법이지만, 장면을 검토해보니 임금을 죽일 경우 총각이 복수극을 벌인 것처럼 여겨질 수도 있어 '다시 돌아오지 못할 먼 곳으로 내쫓은' 것이다. 그렇게 되니 '활쏘기 3년'으로 갈고닦은 능력을 쓸 수 없게 된 점이 문제가 되었고, 결국 그 능력은 이 이야기의 절정에 기여한 새털옷을 장만하기 위해 새 사냥을 하느라 사용한 것으로 정리했다.

다음은 내가 만든 『우렁이 각시』 각편의 16장면이다.

혼자 사는 나이 든 총각이 - 장면1

우렁 각시를 얻게 되고 - 장면2 / 기

아직 때가 되지 않았는데도 - 장면3

함께 살기를 소원한다. - 장면4

소원은 이뤄졌으나 - 장면5

사냥 나온 임금에게 - 장면6

어여쁜 각시를 빼앗기고, 각시가 끌려가며 남긴 - 장면7

조언대로 눈치 보기, -장면8

활쏘기와 뜀뛰기를 각각 3년씩 배운다. - 장면9

각시는 '웃지 않는 왕비'로 살아가다가 임금에게 거지 잔치를 열어달라 청한다. - 장면10 / 승

거지 잔치 마지막 날, 총각이 새털옷을 입고 들어오자 - 장면11

마침내 왕비가 웃고, -장면12

임금은 거지(총각)의 새털옷을 자기 옷과 바꿔 입는다. - 장면13

총각은 임금 옷을 입자마자 왕비의 뜻을 모두 눈치채고 냉큼 용상에 뛰어올라 앉는다. -장면14 / 전

새털옷 입은 거지 임금을 돌아올 수 없는 곳으로 멀리 내쫓는다. - 장면15

새로운 임금과 왕비는 백성을 잘 보살피며 행복하게 살았다. - 장면16 / 결

16장면 글쓰기-재화 Retelling

옛이야기 그림책 재화 글을 쓰기 전에, 앞에서 언급한 이야기의 특질과 어법을 다시 한번 읽어두자. 이에 덧붙여 유념해야 할 것이 몇 가지 더 있다. 이야기꾼이 현장에서 얘기하는 것을 채록한 각편들은 대개 구어체(입말체)로 되어 있고, 문헌에서 찾은 각편들은 글만으로 읽는 문어체(글말체)이다. 그림책 글은 이 두 가지 문체를 적절하고도 알맞게 활용하고 적용해 써야 한다. 옛이야기 그림책의 글은 소리 내어 읽는다는 것을 전제로 하되, 그러나 허공에서 사라지는 말이 아니라 인쇄되는 글이다. 글만으로 읽는 것이 아니고 그림과 함께 읽는 글이라는 것을 마음 깊이 새겨두자. 전달이 잘 되는 적확한 단어를 골라 간결하고도 짧게 끊어 나눠 쓰는 것, 어린이 독자를 고려해 서술체 문장과 대화체 문장을 분리해서 쓰는 것도 중요하다. 다음 옛이야기 그림책 어법에 맞게 수정하는 과정을 살펴보자.

옛날 옛날 어느 마을에 한 사내아이가 홀어머니랑 단둘이 살고 있었대. *사내아이 하나가*

그러니까 아내가 하늘에 뜬 반달을 가리키면서,
그러니까 아내가 하늘에 뜬 반달을 가리키며 / 말했어.(또는, 그러더래.)

"그 머리빗이라는 건 꼭 저 반달같이 생겼으니,
혹 잊어버리거든 달을 쳐다보고 생각해내시구려."
~~하더란 말이야.~~

다음은 수정에 수정을 거듭하여 정리된 최종본 글 더미 『우렁이 각시』이다.

우렁이 각시
_이상희 글

2-3쪽 / 장면1

옛날 옛날에 가난한 총각이 혼자 살았는데,
하루는 논에 나가 일하면서 중얼거렸어.
"이 농사를 지어서 누구랑 먹고 살꼬?"
그러자 어디서 대답하는 소리가 나.
"나랑 먹고 살지."
총각이 주위를 둘러봤지만 아무도 없었어.
총각은 다시 일을 하면서 중얼거렸어.
"이 농사를 지어서 누구랑 먹고 살꼬?"
그러자 또 대답하는 소리가 나는 거야.
"나랑 먹고 살지."

이번엔 총각이 얼른 소리 나는 데로 가보았지.

그랬더니 사람은 없고 커다란 우렁이만 있었어.

총각은 우렁이를 집에 가져가 물 항아리에 잘 넣어뒀지.

4-5쪽 / 장면2

다음 날 총각이 나가서 일하다가 점심을 먹으러 집에 돌아와 보니,

밥상이 한 상 잘 차려져 있어.

이상하다 생각하면서도, 배가 고프던 참이라 잘 먹었지.

그런데 다음 날 점심때에도 밥상이 차려져 있고,

그다음 날 점심때에도 밥상이 차려져 있는 거야.

"거 참, 누가 밥을 차려놓나?"

6-7쪽 / 장면3

다음 날 총각은 일하러 가는 척하고 부엌에 숨어서 지켜봤어.

점심때쯤 되자, 우렁이를 넣어둔 항아리 속에서 아주 참한 각시가 나오더니

또닥또닥 밥상을 한 상 차려놓는 거야.

그러고는 항아리 속으로 다시 들어가려고 해.

8-9쪽 / 장면4

"가지 말고 나랑 살우!"

총각은 후다닥 뛰어들어 각시 치맛자락을 붙잡았어.

"아직은 안 됩니다. 지금 함께 살면 슬픈 일이 생기니 조금만 더 기다리세요."

그래도 총각은 각시 치맛자락을 붙잡고 놓아주지 않았어.

그래서 각시는 총각이랑 함께 살게 되었지.

10-11쪽 / 장면5

총각은 각시가 어찌나 좋던지 일도 안 하고 각시만 쫓아다녀.

부엌엘 가도 졸랑졸랑, 우물가엘 가도 졸랑졸랑, 빨래터에 가도 졸랑졸랑.

각시가 보다 못해 자기 얼굴을 그려주며 말했어.

"논 옆에 있는 나무에 걸어두고, 일하면서 보세요."

12-13쪽 / 장면6

총각은 각시 말대로 논 옆 나무에 그림을 걸어두고 일을 했어.

각시 얼굴 한 번 보고 한 이랑 매고,

또 각시 얼굴 한 번 보고 두 이랑 매고,

그러다 보니 사흘 일을 하루 만에 다 해치웠어.

14-15쪽 / 장면7

이제 총각이 집에 가려고 하는데, 갑자기 돌개바람이 불면서 그림이 날아가 버렸어.

"어, 어, 어?" 총각은 어쩔 줄 몰라 발을 동동 굴렸지.

그림은 자꾸자꾸 날아가 뒷산에서 사냥하던 욕심쟁이 임금 앞에 떨어졌어.

임금이 그림을 보니 참한 각시거든. 탐이 나서 빼앗고 싶어졌어.

사냥이고 뭐고 다 관두고 어서 각시 찾아오라고 신하들에게 소리쳤지.

"온 동네를 샅샅이 뒤져서 반드시 이 각시를 찾아오너라!"

16-17쪽 / 장면8

신하들은 온 동네를 샅샅이 뒤져 결국 각시를 찾아냈어.

각시는 신하들에게 끌려가면서 총각한테 이렇게 일렀어.

"눈치 삼 년, 뜀뛰기 삼 년, 활쏘기 삼 년을 배워서 날 찾아오세요."

신하들은 각시를 억지로 가마에 태우고 가버렸지.

각시를 빼앗긴 총각은 얼마나 억울하고 원통하던지 하늘만 쳐다봤지.

18-19쪽 / 장면9

총각은 우두커니 몇 날 며칠을 앉았다가

각시 말이 생각나 길을 떠났어.

몇 날 며칠을 걸으면서 눈치 배울 데를 찾는데,

사람들 말이 눈치 배우는 데는 장사가 제일이래.
총각은 삼 년을 꼬박 장사꾼을 따라다니면서
뭐든지 척하면 척 알아채게 눈치를 잘 배웠지.

20-21쪽 / 장면10
이제 또 총각이 길을 떠나 뜀뛰기 배울 데를 찾는데,
사람들 말이 뜀뛰기 배우는 데는 줄타기가 제일이래.
총각은 삼 년을 꼬박 줄광대를 따라다니면서
뜀뛰기 한 번에 높은 담장도 훌쩍 넘게 잘 배웠지.

22-23쪽 / 장면11
이제 또 총각이 길을 떠나 활쏘기 배울 데를 찾는데,
사람들 말이 활쏘기 배우는 데는 사냥이 제일이래.
총각은 삼 년을 꼬박 사냥꾼을 따라다니면서
화살 하나로 새 열 마리를 잡게 잘 배웠지.
새를 얼마나 많이 잡았던지 새털옷까지 해 입었어.

24-25쪽 / 장면12
이제 총각은 각시를 찾아 대궐로 갔어.
그런데 웬 거지 행렬이 줄을 섰어.
들어보니 욕심쟁이 임금이 사냥 갔다가

어느 집 참한 각시를 빼앗아 왕비로 들였는데,
이 왕비가 거지 잔치를 열어달라고 했다는 거야.
오늘이 바로 거지 잔치 마지막 날이래.
총각은 얼른 거지 행렬에 끼어 섰어.

26–27쪽 / 장면13

총각이 대궐로 들어가 보니, 각시가 임금 옆에 앉아 있어.
총각은 각시를 보자 좋아서 덩실덩실 춤을 췄지.
임금은 새털옷을 입고 춤추는 게 정말 재미있어 보였어.
자기도 한번 해보고 싶어서 총각에게 말했지.
"너, 나하고 옷 좀 바꿔 입자."

28–29쪽 / 장면14

임금은 새털옷을 입고 거지꼴로 덩실덩실 춤을 추고,
총각은 임금 옷을 입고 우두커니 서 있는데,
그때 각시가 눈을 찡긋하면서 이러는 거야.
"눈치 삼 년, 뜀뛰기 삼 년은 뭣 하러 배웠어요?"
총각이 이내 눈치를 채고 훌쩍 뜀을 뛰어 임금 자리에 앉았어.

30–31쪽 / 장면15

그러자 임금이 화가 나 펄쩍펄쩍 뛰며 소리를 질렀지.

"거지가 감히 임금 자리에 앉다니, 가만두지 않겠다!"
하지만 총각은 눈 하나 깜짝하지 않았어.
신하들을 불러 새털옷 입은 이를 잡아가게 했지.
다시는 돌아올 수 없이 먼 곳으로 내쫓았지.

32쪽 / 장면16
그 후로 총각은 각시와 함께
백성을 잘 보살피며 행복하게 잘 살았대.

나의 그림책 워크숍 옛이야기 더미 제작 과정에서는 여러 차례 피드백에 의해 거듭 수정을 거친 최종 글과 함께 연필이나 먹그림 스케치 더미 제작을 목표로 한다. 실제로 그림책을 출간하기 위해서는 스케치 프린트에 글 원고를 얹은 스케치 더미가 나오면서 본격적으로 글 수정이 다시 시작되곤 한다. 그림에 의한 흐름을 다시 검토하고, 그림에서 충분히 표현되어 군더더기가 된 글은 과감히 덜어 낸다. 제작 과정에 공을 들이는 출판사일수록 넉넉히 시간을 잡고 이 과정을 되풀이하면서 완성도를 높인다.

다음은 옛이야기 그림책에 관한 명문들이다.

옛이야기는 오랜 세월 사람들의 입에서 입으로 이어오는 동안 인류의 보편적 심성에 닿을 수 없는 요소들은 없어지고, 여러 부류의 사람들 마음에 폭넓게 호소할 수 있는 요소들만 살아남았다. _베레나 카스트

약자 편들기, 인습과 도덕의 굴레 벗어던지기, 현실 바로 비추기와 뒤집기, 권세와 힘에 대한 시원스러운 풍자, 거침없는 해학, 이것이 옛이야기의 생명이라고 해도 좋을 민중성의 요체이다. _서정오

옛이야기를 즐기는 마음자리는 크게 두 가지가 있을 수 있다. 하나는 옛이야기꾼의 자리에 서서 그들 마음자리에서 옛날 사람들은 왜 이런 이야기를 즐겼을까 생각해봐야 한다. 그리고 또 오늘을 살아가는 어린이들 마음자리에서 우리는 이 이야기를 어떻게 즐겨야 하는가 생각해보는 것이다. _이재복

현실은 어떠하건 간에, 옛이야기에 몰두한 어린이는, 부모가 자기를 너무나 사랑해서 자기가 가장 바라는 선물을 가져다주기 위해 위험을 무릅쓴다고 상상하고 믿기에 이른다. 그런 어린이는 자기도 부모를 사랑해서 생명까지도 기꺼이 내놓을 수 있으므로, 자기는 그런 헌신적인 사랑을 받을 가치가 있다고 믿는다. 그런 어린이는 어른이 되면, 마음의 상처로 야수처럼 보이는 사람들에게까지 평화와 행복을 줄 수 있는 사람이 된다.
이것은 옛이야기들에 나타나는 다양한 진리 중의 하나로 우리의 삶을 인도하는, 예로부터 지금까지 변치 않는 진리다. _브루노 베텔하임

한 가지 옛이야기가 수많은 작가의 작품으로 계속 출간되고 있다. 옛이야기를 패러디한 그림책들은 포스트모던 경향을 나타

낸다. 옛이야기는 이래저래 그림책 작업을 위한 보물창고이다. 다음 작가들의 작품을 감상해보자.

옛이야기 그림책을 주로 작업하는 작가들과 작품

- 브라이언 와일드스미스: 『팔려 가는 당나귀』, 『바람과 해님』(라 퐁테느 글), 『토끼와 거북』(라 퐁테느 글), 『사자와 생쥐』
- 에드 영: 『일곱 마리 눈먼 생쥐』, 『늑대 할머니』, 『잃어버린 말』
- 유리 슐레비츠: 『비밀의 방』, 『세상에 둘도 없는 바보와 하늘을 나는 배』(아서 랜섬 글), 『황금 거위』(그림 형제 글)
- 폴 오 젤린스키: 『룸펠슈틸츠헨』, 『Rapunzel』(국내 미출간), 『Hansel and Gretel』(국내 미출간)
- 헬린 옥슨버리: 『커다란 순무』(알릭셰이 톨스토이 글)
- 비네테 슈뢰더: 『개구리 왕자』(그림 형제 글), 『Beauty and the Beast』(국내 미출간)
- 로베르토 인노첸티: 『신데렐라』(샤를 페로 글), 『로베르토 인노첸티의 빨간 모자』(에런 프리시 글)

옛이야기 패러디 그림책 작가들과 작품

- 헬린 옥슨버리: 『아기 늑대 세 마리와 못된 돼지』(유진 트리

비자스 글), 『행복한 돼지』
- 존 셰스카: 『개구리 왕자 그 뒷이야기』(스티브 존슨 그림), 『늑대가 들려주는 아기 돼지 삼형제 이야기』(레인 스미스 그림), 『냄새 고약한 치즈맨과 멍청한 이야기들』(레인 스미스 그림)
- 로버트 먼치: 『종이 봉지 공주』(마이클 마첸코 그림)

시로 그림책 글/더미 만들기

시는 그림과 같은 것.　　　　　　　　　　　　　　_아리스토텔레스

시와 그림책

어린이와 시인의 공통점은 삼라만상을 세상에 태어나서 처음 (보는 것처럼) 본다는 것이다. 이는 시가 사물에 대한 생생한 체험을, 그러한 삶의 진정성을 깨닫고 놀라는 데서 비롯된 감탄이요 탄식이라는 말과 같다. 깨닫고 놀라는 말은 짧고 단순하다. 시에 군더더기 말이 없고, 구구절절 설명이 없는 이유와 같다. 19세기 영국의 시인이자 비평가 매튜 아놀드가 한 말대로 '시는 인간의 가장 완벽한 발언'이다.

그림책 글의 가장 좋은 형태는 시이다. 그림에 담긴 이야기와 분위기를 생생하게 깨우치는 시 또는 시적인 글이 조합될 때, 그림책의 예술성을 더욱 깊이 구현할 수 있다. 시로 만든 그림책도 있고, 이야기가 시처럼 아름다운 그림책도 있고, 시를 포함한 그림책도 있으며, 이야기를 시로 쓴 그림책도 있다. 시인의 삶을 그려낸 그림책, 시의 세계를 보여주는 그림책도 있다.

시의 특질

여러 종류의 시를 감상하면서 시의 특질을 익혀보자. 그림책 작업에 영감을 준다.

시

줄글(산문)이 아닌 모든 글을 시(운문)라고 할 수 없지만, 시가 아닌 모든 것은 산문이라고 할 수 있다. 시는 대체로 짧다. 함축하고 상징하고 비유하기 때문에 짧고, 짧기 때문에 함축하고 상징하고 비유할 수 있다. 시는 사물과 개념을 새롭게 드러내기 위해 낯설게 하기, 건너뛰기, 뒤집기, 뒤바꾸기에 능하다.

다음은 정현종의 시 「환합니다」의 일부이다.

환합니다.
감나무의 감이,
바알간 불꽃이,
수도 없이 불을 켜
천지가 환합니다.
이 햇빛 저 햇빛
다 합해도
저렇게 환하겠습니까.

나뭇가지마다 빨간 감이 그득히 열린 감나무를 본 적이 있는가. 시를 읽고 읊조려 외면서 그림 장면을 이미지로 그려보자. 어떤 시구를 그림으로 그릴 수 있을까. 비유된 것을 그릴 것인가, 비유할 것을 그릴 것인가. '천지가 환합니다'는 어떻게 그릴 수 있는가.
다음은 테드 휴즈의 시 「공작비둘기」이다.

지붕에 앉은 공작 비둘기는
꿈꾸는 크림 덩어리
매일 아침 창가에서 포근한 소리로
부드럽게 잠을 깨우지.
온종일 '고요, 고요, 고요.'

콧노래 부르며 중얼중얼 기도하네.
마치 아직 다 사라지지 않은 꿈,
천사들이 지붕에 앉아 쉬는 꿈을,

그러다 원을 그리며 일제히 날아오르기라도 하면
갑자기 집이 노래하는 것 같지.

무릎에 앉았던 고양이들은 가르릉대며
신이 나서 발톱을 세우고 얼굴을 찡그리네.

공작 비둘기가 어떻게 생겼는지 몰라도 좋다. 시가 보여주는 대로 이미지를 그려보자. 달콤한 흰빛의 부드러운 깃털로 감싸인 새……, 지붕에 우르르 모여 앉아 있으면 꿈꾸는 크림 덩어리 같아 보이는 새 공작 비둘기 떼를, 누군가 어디서 보고 있다는 것도 그려줄 것인가. 화자를 그릴 것이라면 누가, 어디서 보고 있는 것으로 그릴까? '천사들이 지붕에 앉아 쉬는 꿈'도 그릴 수 있을까? '집이 노래하는 것'처럼 날아오르는 것은 어떻게 그릴 수 있나? 이 시로 얼마나 많은 이야기 장면을 만들어볼 수 있을까?

동시童詩
어른이 어린이와 함께 즐기기 위해 쓰는 시를 말한다. 어린이가 쓴 시는 '어린이 시'로, 동시와 달리 분류된다. 어린이는 자기들의 일상과 경험이 담긴 시, 정서적 공감을 느낄 수 있는 시를 좋아한다. 어린이가 자신의 경험 그 자체로 여길 수 있는 진정성이 담겼다면 더욱더 좋은 동시라고 할 수 있다. 어쩌면 이렇게 내 속마음을 잘 알까, 내가 이런 기분으로 이렇게 행동하는 걸 다 알고 있네… 어린이가 저절로 머리를 끄덕이게 되거나 손뼉을 치거나 어깻짓을 하게 되는 동시를 알고 있는가? 운율감과 리듬이 뛰어나서 저절로 외워지는 시를 몇 편이나 떠올릴 수 있는가? 좋은 동시와 좋은 그림책 글은 독자들이 저절로 소리 내어 읽게 된다는 공통점을 지닌다.

다음은 이상교의 동시 「살아난다, 살아난다」의 일부이다.

차 소리가 끊어진
아파트 조용한 뒷길.
사람들 떠드는 소리가
머언 뒷길.

살아난다, 살아난다
내 발자국 소리가 살아난다.

'차 소리가 끊어진 아파트 뒷길'이 어떤 이미지로 떠오르는가? 아파트는 고층아파트일까, 서민아파트일까? 대도시의 아파트와 그 뒷길일까, 중소도시의 아파트와 그 뒷길일까? 대략 몇 시쯤의 풍경일까? 새벽일까, 한밤중일까?

한시漢詩

한시는 한자로 된 중국의 시이다. 한자 문명 속에 살았던 우리 옛사람들도 한시를 썼다. 여기서는 우리의 한시를 감상하고 얘기할 것이다. 시는 특히 문자의 속성을 반영하는데, 한시의 경우 뜻글자인 '한자'로 인해 어떤 문자로 쓰는 시보다 함축과 상징과 비유의 긴장이 깊고 과장이 심하다. 한시를 일컬어 촌철살인, 점입가경의 문학이라 하는 이유가 여기에 있다. 시를 쓰고 싶다면 모름지기 한시를 즐길 일이다. 특히 한시와 그림과 서체를 함께 즐기던 옛사람들의 시서화 작품은 그림책 장면을 구현하는 데 영감을 준다.

다음은 16-17세기의 시인 손곡 이달의 작품 「次尹恕中韻」(윤서중의 시에 차운하다)이다.

京洛旅遊客　서울 떠도는 저 나그네
雲山何處家　구름 산 어디메가 그대 집인가
疎烟生竹徑　엷은 안개 대숲 길에 피어나고
細雨落藤花　보슬비 등꽃 위로 떨어지네

나그네의 서글픈 처지와 자연의 아름다움을 한 장면에 담으려면 어떻게 해야 할까? 이 시로 이야기를 만든다면 시대 배경과 공간 배경을 언제 어디로 잡을 수 있을까? 하루 중의 언제가 어울릴까? 조선시대 옛 화첩을 보면서 연구해보자. 옛이야기 그림책이 아니더라도 옛 삶과 풍경을 보여줄 수 있는 그림책을 기획할 수 있을까? 이 시의 행과 행 사이 간극, 그림책 장면과 장면의 간극을 비교해보자.

게송偈頌 · 선시禪詩

게송은 감성적 정서 차원을 초월하여 삶과 우주의 이치를 궁구하고 꿰뚫는 철학, 또는 그 철학조차 뛰어넘는 경지를 노래하는 시이다. 주로 불가의 깨달음과 가르침을 전하고, 성덕을 칭송한다. 선 수행을 통한 깨달음의 경지를 짧게 나타낸 선시 역시 그림책 작업에 영감을 준다.

다음은 청허 휴정의 선시「삼몽사」(三夢詞)이다.

> 주인은 손님에게 제 꿈 이야기하고,
> 손님은 주인에게 제 꿈 이야기한다.
> 꿈 이야기하는 두 사람
> 그 모두 꿈속 사람이니라.

이 시에서 판타지 그림책의 아이디어를 떠올릴 수 있을까? 이 시를 읽은 다음, 데이비드 위즈너의 그림책을 펼쳐보자. 이 시를 한 장면에 오롯이 담을 수 있는 그림책 이야기로 만들어보자. 꿈에 관한 꿈, 꿈속의 꿈, 기시감旣示感 등 꿈과 관련된 여러 가지 현상과 에피소드를 찾아보자. 이 시가 노래하는 방식으로 또 어떤 상황을 얘기할 수 있을까.

하이쿠 俳句

일본 전통 시로, 5·7·5 음수율을 지닌 총 17자의 짧은 정형시를 말한다. 계절을 상징하는 계절어(키고季語)가 반드시 들어가야 하고, 음률의 어느 한 단락에서 말을 끊어 강한 영탄이나 충분한 여운을 주는 "-일까(-かな)", "-여(-や)", "-구나(-けり)" 같은 기레지切字를 구사해야 한다는 원칙이 있으며, 제목은 따로 쓰지 않는다. 하이쿠는 함축의 묘미와 회화적 이미지가 뛰어나서 그림책 작업에 영감을 준다.

다음은 마쓰오 바쇼의 하이쿠이다. 바쇼에 대한 팀 마이어스의 그림책들 『시인과 여우』『시인과 요술 조약돌』(한성옥 그림)을 찾아 함께 감상해보자.

오래된 연못
개구리 풍덩,

뛰어드는 소리

다음은 부손의 하이쿠이다.

여름 냇물을 건너는
기쁨이여,
손에는 짚신

시원하다, 차갑다는 말이 없는데도 그런 감각을 느낄 수 있는가? 오히려 '시원하다' '차갑다'는 말을 쓰지 않아서 훨씬 더 시원하고 차갑게 여겨진다는 것을 기억해두자. 여름 냇물을 건널 때의 '기쁨'을 어떤 장면으로 그려낼 수 있을까? '손에는 짚신'이라고 클로즈업된 시 속의 장면을 그대로 그릴 것인가? 등장인물을 일본 고유의 복식으로 차려입은 사람으로 그릴 것인가? 바쇼의 하이쿠와 부손의 하이쿠를 비교해보자. 스케일이 어떻게 다르게 여겨지는가?

전래동요

예로부터 전해 내려오는 옛 아이들 노래이다. 뚜렷한 작자나 처음 노래 부른 시창자가 없는, 자연발생적 구전요이다. 주로 아이들 사이에서 생겨나고 아이들이 즐겨 불렀던 노래이니만큼 아이들의 시각과 관점이 잘 살아 있다.

다음은 전래동요 가운데 하나 「하나는 뭐니?」이다.

하나는 뭐니?
빗자루다리
둘은 뭐니?
닭다리
셋은 뭐니?
지게다리
넷은 뭐니?
밥상다리
다섯은 뭐니?
손가락
여섯은 뭐니?
파리다리
일곱은 뭐니?
북두칠성
여덟은 뭐니?
문어다리
아홉은 뭐니?
구만리장천

열은 뭐니?

오징어다리

  이 노래를 유아를 위한 수 세기 그림책 글로 활용할 수 있을까? 그렇게 할 때 바꿔야 할 것은 무엇인가. '구만리장천'이라는 말이 왜 들어갔는지 짐작되는가? 16장면으로 장면화하자면 어떤 구성법을 사용해야 할까? 여러 가지 방식으로 생각해보자.

마더구스 Mother goose

  영국과 미국의 가정에 전해 내려오는 동요를 일컫는다. 런던의 로버트 보엘 인형극단에서 연극 제목으로 처음 사용한 전설 속의 거위 아줌마 '마더구스'를, 프랑스 시인 샤를 페로가 동화집 제목 『거위 아줌마 이야기』(1697)로 쓰고, 영국의 출판업자 뉴베리가 그 영어판을 내면서 모든 전래동요를 총칭하게 되었다. 자장가를 비롯한 어린이를 위한 노래들, 고대 의식에서 행한 기도 노래, 셰익스피어 서정시, 속담, 심지어 술집 유흥 가요를 포함한 설화시와 우화시와 유머시가 모두 포함된다. 의미보다는 유머러스한 말놀이를 즐기기 위한 것으로, 유아들을 위한 최초의 그림책에 쓰였다.

  다음은 마더구스의 한 편이다. 그림책의 고전 『잘 자요, 달님』(마거릿 와이즈 브라운 글, 클레멘트 허드 그림)을 찾아 함께 읽어보자.

고양이가 바이올린을

깨갱 깽 깽

고양이가

바이올린을 켜니까

암소가 달님을

껑충 뛰어넘었네.

그걸 보고

새끼 고양이가

깔깔깔 웃었네.

접시하고 숟가락이

경중경중 뛰어갔네.

_마거릿 와이즈 브라운 글, 클레먼트 허드 그림,

『잘 자요, 달님』, 시공주니어

시로 그림책 글/더미 만들기

그림책이란 대부분의 사람이 생각하는 것—쉽고, 그림이 많고, 어린 아이들에게 읽어주는 것— 이상의 것입니다. 나는 그림책이 환장하게 어려운 일로 여겨집니다. _모리스 샌닥

시로 그림책 글을 만드는 여러 가지 경우를 생각해보자. 앞서 얘기했지만, 시집 속에서 적절한 시를 찾아 시 그림책을 만들 수도 있고, 어떤 시를 중심에 놓고 이야기를 만들면서 시를 넣을 수도 있다. 시에서 영감을 얻어 새로운 시를 쓰고, 그 시로 시 그림책을 만들 수도 있다. 여기서는 한 편의 시로 시 그림책을 만들게 된다.

시 고르기

그림책 작업에 적절한 시를 고르기 위해서는 우선 시적 감수성이 준비되어야 한다. 시인의 이름이나 소속 동인, 시 형식이나 장르 또는 주제 소재를 암기해야 했던 국어 시험 세대라면 시를 골치 아픈 장르로 여겼을 것이다. 새로운 마음으로 다양한 종류의 시를 감상해보자. 한편으로는 시로 만든 그림책 명작도 찾아보자. 그림책을 염두에 두고 시를 쓰는 마거릿 와이즈 브라운이 되어보자.

시 한 편으로 그림책 한 권의 양감을 확보하자면 최소한 10행 이상이 되는 시가 좋다. 이미지가 지나치게 강렬한 시는 결격이다. 시 한 편으로 그림책다운 서사를 이루는 동시에 16장면의 그림으로 풀어나가야 하는데, 이미 시가 뚜렷한 이미지를 그려버렸다면 그림 작가는 오직 그 구현 작업에 매몰될 뿐 아니라 그림책다운 서사적 흐름을 구현할 수 없기 때문이다. 이런 과정을 훈련하기 위해 나의 그림책 워크숍에서는 3회에 걸쳐 그림책으로 만들기에 적절하다고 생각되는 시를 탐색하고 검토한다. 그러기 위해 엄청난 시집을 뒤져야 하고, 그 과정에서 시 맛을 즐길 수 있게 되었다는 이들이 적지 않다. 참가자 각자가 찾아온 시를 피드백하는 과정을 통해 어떤 시가 더 그림책 작업에 적절한지 객관적으로 검증하게 된다.

다음은 윤석중의 동시 「넉 점 반」의 일부이다. 이미 뛰어난 시 그림책이 출간되었지만, 시 그림책 더미 작업이 끝날 때까지 펼치지 않기로 한다. 이 시는 그림책 감으로 안성맞춤. 호기심 왕성한 어린아이가 시간 심부름을 다녀오다 말고 자연의 친구들과 노는 바람에 시간을 잊었다는 내용이 사랑스럽고도 심오한 데다 그림책 분량으로 적절하기 때문이다. 그러나 시계가 없어 가겟집에 물으러 가야 했던 시절, '네 시 반'을 '넉 점 반'이라고 말하던 이 시의 공간 배경을 어떻게 그려낼 것인가. '나는 글 작가니까, 그건 그림 작가가 고민할 문제'라고 미뤄둘 수만은 없는 일이다. 그림책 글 작가라면 어느 정도는 장면 이미지를 고려해가며 글을 써야한다. 일단 '시계가 없던 시절'을 떠올리며 출발해보자.

아기가 아기가
가겟집에 가서
"영감님 영감님
엄마가 시방

몇 시냐구요."

"넉 점 반이다."

"넉 점 반

넉 점 반."

_윤석중, 「넉 점 반」(『윤석중 동시선집』 수록)

주제 연구와 줄거리 꺼내기

시의 곳곳에 밑줄을 쳐놓고 '주제가 포함된 행은 어느 것인가?'라는 시험문제의 답을 찾는 것과 이 '주제 연구'는 전혀 다르다. '시간 개념 없는 어린아이의 시간 알아 오기 심부름'이 만들어낸 다정하고 사랑스러운 드라마를 어떻게 구현할 것인가를 연구해보자. 이 시의 가장 큰 미덕인, 아이도 어른도 웃음 짓게 하는 유머를 챙기는 것도 무척 중요하다. 특히 이 시는 줄거리를 꺼내기에도 좋다. 주인공 아이가 있고, 시간과 공간 배경도 설정되어 있다. 거기에다 독자는 알고 주인공 아이는 모르는 '시간은 멈추지 않고 흘러간다'는 신비로운 비밀이 있으니, 드라마가 절로 만들어진다. 다음과 같은 형식으로 줄거리를 정리해보자.

줄거리: 아이가 엄마 심부름으로 가겟집에 시간을 물으러 간다. 가겟집 영감님이 알려준 시간을 잊어버리지 않으려고 '넉 점 반'을 계속 읊조리면서, 그러나 아이의 눈길을 끄는 자연의 친구

들을 쫓아 동네를 한 바퀴 돌고, 해가 꼴딱 져서야 집에 돌아가 엄마에게 '넉 점 반'이라고 외친다.

뼈대 세우기

『넉 점 반』의 줄거리는 이렇게 구조화되었다.

<u>아이가 엄마 심부름으로</u> / 기
아기가 아기가
가겟집에 가서

<u>가겟집에 시간을 물으러 간다. 가겟집 영감님이 알려준 시간을 잊어버리지 않으려고 '넉 점 반'을 계속 읊조리면서</u> / 승
"영감님 영감님
엄마가 시방
몇 시냐구요."
"넉 점 반이다."
"넉 점 반
넉 점 반."

<u>그러나 아이는 눈길을 끄는 자연의 친구들을 쫓아 동네를 한 바퀴 돌고</u> / 전

아기는 오다가 물 먹는 닭

한참 서서 구경하고,

"넉 점 반

넉 점 반."

아기는 오다가 개미 거둥

한참 앉아 구경하고.

"넉 점 반

넉 점 반."

아기는 오다가 잠자리 따라

한참 돌아다니고.

"넉 점 반

넉 점 반."

아기는 오다가

분꽃 따 물고 니나니 나니나

해가 꼴딱 져서야 집에 돌아가 엄마에게 '넉 점 반'이라고 외친다. / 결

해가 꼴딱 져 돌아왔다.

"엄마

시방 넉 점 반이래."

16장면 만들기

옛이야기를 그림책으로 만들 때와 달리, 시를 그림책으로 만들 때는 외형을 따로 건축해야 한다. 분꽃을 물고 있는 주인공의 모습을 자연스럽게 그려내기 위해서는 남자아이가 좋을까, 여자아이를 설정하는 것이 잘 어울릴까? 시계가 귀하던 시절이라면 1960년대 초반쯤, 분꽃이 피는 여름으로, 집과 가겟집 사이 거리는 아이가 심부름하러 다닐 수 있을 만큼 가깝고도 위험하지 않게끔 설정하는 것이 좋을 것이다. 아이가 4시 반부터 닭과 개미와 잠자리를 쫓아다니며 해찰한 시간을 고려해서 '여름 해가 꼴딱' 진 귀가 시각은 5시 40분쯤으로 설정하자. 아이가 귀가했을 때 어이없어 할 어른이 필요하니까 엄마도 등장시키기로 한다. 또 아이의 엉터리 심부름에 대한 가족들의 반응, 엄마의 반응을 보여줄 공간 지점도 설정해두자. 이 모든 것을 염두에 두고 장면을 나눈다.

다음은 그림책으로 출간된 『넉 점 반』(이영경 그림)의 15장면이다. 그림책의 장면 구성을 염두에 두고 아래 글을 읽어보자.

아이가 엄마 심부름으로 / 기
아기가 아기가 −장면1

가겟집에 가서 −장면2

가겟집에 시간을 물으러 간다. 가겟집 영감님이 알려준 시간을 잊어버리지 않으려고 '넉 점 반'을 계속 읊조리면서 / 승

"영감님 영감님 - 장면3

엄마가 시방
몇 시냐구요." - 장면4

"넉 점 반이다." - 장면5

"넉 점 반
넉 점 반." - 장면6

그러나 아이는 눈길을 끄는 자연의 친구들을 쫓아 동네를 한 바퀴 돌고 / 전

아기는 오다가 물 먹는 닭
한참 서서 구경하고, - 장면7

"넉 점 반
넉 점 반." - 장면8

아기는 오다가 개미 거둥

한참 앉아 구경하고. - 장면9

"넉 점 반

넉 점 반." - 장면10

아기는 오다가 잠자리 따라

한참 돌아다니고. - 장면11

"넉 점 반

넉 점 반." - 장면12

아기는 오다가

분꽃 따 물고 니나니 나니나 - 장면13

<u>해가 꼴딱 져서 집에 돌아가 엄마에게 '넉 점 반'이라고 외친다.</u> / 결

해가 꼴딱 져 돌아왔다. - 장면14

"엄마

시방 넉 점 반이래." - 장면15

_윤석중 글, 이영경 그림, 『넉 점 반』, 창비

이제 더미를 만들어서 장면의 흐름을 검토한다.
더미를 넘겨보면서 장면에 맞춰 글을 다시 한번 정리해 보자.

창작 그림책 글/더미 만들기

그림책의 플롯 구성은 정말 어렵다. 서두에서 독자의 마음을 붙잡고, 신중히 계산된 페이스와 클라이맥스로 이야기를 고조시켜, 끝맺음에서는 놀라움과 만족감을 동시에 주면서 독자의 마음을 두근거리게 만들어야 한다.

_ E. 로버츠

구성의 원칙: 간결한 구성의 힘

그림책 글을 쓰려면 '장면'에 대한 이해, '글과 그림의 관계'에 대한 이해가 필요하다. 그림책 작가는 한시도 '16장면'을 잊어서는 안 된다. 하나의 이야기를 16장면으로 나누어 말하기 위해서는 구성이 간결해야 하고, 간결한 구성의 힘으로 풍부한 드라마를 구축해야 한다. 시 그림책 더미 제작 과정에서 익힌 비유와 은유와 상징을 구사하면 간결하고도 풍부한 글쓰기를 할 수 있다. 『부엉이와 보름달』에서 작가는 어린 주인공이 실감하는 추운 겨울 숲 걷기에 대해 구구절절 설명을 늘어놓지 않는다. '누군가 얼음 손으로 내 등을 쓸어내리는 것 같았습니다'라고 쓴다.

그림책 플롯의 성패 또한 전적으로 16장면을 얼마나 잘 활용하는가에 달려 있다. 뛰어난 편집자 엘렌 로버츠의 요청대로 서두에서 독자의 마음을 확실히 사로잡은 다음, 긴장감을 유지하며 속도감 있게 이야기를 끌고 가서 놀랍고도 만족감 넘치는 결말에 이르기는 정말 쉽지 않다. 옛이야기 그림책 더미 만들기와 시 그림책 더미 만들기에서 공통으로 운용했던 기승전결 구성형식을 공식처럼 적용하여 이야기를 대입해보자. 루드비히 베멀번즈의 『씩씩한 마들린느』는 파리의 한 기숙사에서 11명의 친구들과 함께 생활하는 가장 키가 작고도 당찬 소녀 마들린느가 주인공이다. 어느 날 밤 마들린느가 병원에 실려 가는 소동으로 긴장감 넘치는 드라마를 펼친 다음, 병문안 온 친구들 앞에서 맹장수술 자국을 보여주는 것으로 유머러스하고도 만족감 넘치는 결말을 보여준다.

문장의 원칙: 어휘 운율과 리듬 표현과 화법

그림책이란 읽으면서(들으면서) 보는 책이다. 따라서 소리 내어 읽어주기 좋고, 귀로 듣기 좋은 운율을 지녀야 한다. 시와도 같이 짧고 간략한 글이 은유하고 함축하는 내용을 읽고(보고) 듣는 것이 최고의 감상법이 된다. 제인 욜런이 글을 쓴 그림책 『강물이 흘러가도록』을 소리 내어 읽어보자. 나는 그림책 글쓰기 훈련에서 아래와 같은 방법을 강조한다.

- 어떤 그림책에서 마음에 갖가지 상상력을 불어넣는 글, 군더더기가 없으면서도 풍요로움으로 넘쳐나는 글을 발견했는가?
- 어려운 말을 사용하지 않고, 한정된 범위의 단어들로 아이들을 즐겁게 하는 동시에 어른에게도 따분하지 않은 글, 품격있는 글의 모범을 찾아 필사해보자.
- 내 글에 가장 어울리는 그림은 어떤 것일까? 다양한 기법과 색채를 떠올리며 구상해보자.
- 독자를 사로잡는 글, 장면에서 장면으로 숨도 쉬지 못하게 끌고가는 글이면서도 귀로 듣기에 좋은 글이라야 한다. 그림책은 거듭 되풀이하여 소리 내어 읽는 책이기 때문이다. 형식은 산문이라 하더라도 운문 못지않은 리듬감을 구사해야 한다.
- 말이 지닌 뉘앙스를 민감하게 포착할 수 있는 글, 선명한 이미지를 구축할 수 있는 글이라야 한다.
- 말놀이와 말장난은 다르다. 무의미한 말장난은 금물이다. 필요 없는 말로 글을 낭비하지 말라. 토씨 하나를 허투루

써서 글 전체 분위기가 깨어지기도 한다.
- 그림으로 보여줄 것은 그림으로 보여주는 것이 좋다.
- 솔직하되 우둔하지 않게 써야 한다.
- 그림 작가의 상상력을 자극하는 글이라야 한다.
- 단어 하나하나가 완결된 이미지를 환기하고, 구$_{phrase}$가 회화에서의 색채와 같은 역할을 해야 한다.
- 좀 더 쉬운 어휘로 바꿀 수 있을지 거듭 검토해야 한다. 되도록 알기 쉬운 문장으로, 되도록 단문으로 쓴다. 어린이 독자를 위해서도, 문장의 긴장감을 위해서도, 만연체와 복문은 피하는 것이 좋다.
- 꾸밈없이 간결하게 쓴다. 그렇다고 해서 수박 겉핥기가 되지 않도록 조심하자.
- 정보 그림책이 아니어도, 과학 지식 정보를 바탕으로 정확하게 쓴다. 그림책은 어린 독자에게 보여주는 첫 세상이기 때문이다. 우리 창작 그림책 역사의 초창기에는 초승달을 이야기하면서 그믐달을 그리는 식의 실수도 적지 않았다.
- 글을 써놓고 읽어보자. 읽기 좋은 문장은 자연스러운 운율을 띠기 마련이다.
- 일시적인 유행어로 독자에게 아첨하지 말 것. 품위 있는 표현을 구사할 것. '허걱!' '짱이다!' '최악이야!' '마빡이' 등 동시대 어린이들 사이에 유행하는 단어나 표현을 쓰는 경

우 잠깐 눈길을 끌 수 있다. 그러나 작품의 품격을 떨어뜨리는 것은 물론 문학성 높은 글에 길든 독자, 시간이 흐른 뒤의 다음 세대 독자에게 이해되지도 환영받지도 못한다는 것을 명심하자.
- 각 장면마다 대화문의 화자를 거듭 밝힐 것. 어린 독자들은 종종 대화문의 주체가 누구인지 헷갈리곤 한다. 특히 그림에 주로 집중하는 유아 독자일수록 그러하다. 따라서 최소한 한 장면 내에서 한 번 이상은 화자를 밝히는 것이 좋다. 그러나 이 또한 적절하고도 자연스럽게 구사되어야 한다.
- 그림책에서 '반복'은 중요하다. 그러나 글과 그림의 내용이 의미 없이 지루하게 반복되지 않도록 조심할 것. 그림 장면에 글을 얹어서 꼭 필요한 문장인지 거듭 검토해야 한다.
- 구어체(입말), 문어체(글말)를 적절히 구사하면 생동감과 주제에 어울리는 분위기를 확립할 수 있다.

레오 리오니의 『프레드릭』 11번째 장면 글을 읽어보자.

> 프레드릭이 커다란 돌 위로 기어 올라가더니,
> "눈을 감아봐. 내가 너희에게 햇살을 보내줄게.
> 찬란한 금빛 햇살이 느껴지지 않니……" 했습니다.
> 프레드릭이 햇살 얘기를 하자, 네 마리 작은 들쥐들은

몸이 점점 따뜻해지는 것을 느낄 수 있었습니다.
프레드릭의 목소리 때문이었을까?
마법 때문이었을까?

_레오 리오니, 『프레드릭』, 시공주니어

프레드릭은 친구들이 겨울을 대비해 열심히 먹이를 모으고 나르며 일할 때에도 혼자 동그마니 앉아 있기 일쑤다. 왜 일을 안 하냐고 물으면 자기도 양식을 모으고 있다고, 일하는 중이라고, 대답한다. 모두들 프레드릭을 탐탁찮게 여기는 와중에 겨울이 되고, 모아둔 먹이가 바닥나자 마침내 프레드릭이 자기가 모은 양식을 공유하는 장면의 글이다.

프레드릭의 말이 하나의 따옴표 안에 이어져 있다고 해서 단숨에 읽어버리면 이 장면의 분위기를 제대로 전달할 수 없다. 나는 강연과 강의에서 특히 프레드릭이 하는 말을 한 마디 한 마디 아주 천천히 읽곤 한다. 그리고 잠시 쉰 다음, 남은 문장을 자연스러운 호흡으로 읽는다.

"눈을 / 감아봐. / 내가 너희에게 / 햇살을 / 보내줄게.
찬란한 / 금빛 / 햇살이 / 느껴지지 않니……" / 했습니다.
프레드릭이 햇살 얘기를 하자, / 네 마리 작은 들쥐들은
몸이 점점 따뜻해지는 것을 / 느낄 수 있었습니다.

프레드릭의 목소리 때문이었을까요?

마법 때문이었을까요?

_레오 리오니, 『프레드릭』, 시공주니어

그림책 문장은 이러한 읽기 방식을 고려해서 써야 한다. 자연스러운 강약强弱과 장단長短의 운율이 살아 있는 문장은 일부러 과장된 구연 방식을 거치지 않아도 상대에게 자연스레 생생하게 전달되는 법이다. 그림책 작가의 작업실, 그림책을 기획하고 편집하는 출판사 편집실에서는 그림책 읽는 낭랑한 소리가 끊이지 않는다. 작가가 원고를 직접 읽어보거나 편집자들이 그림책을 읽으면서 글의 흐름과 느낌 등을 검토하기 때문이다.

마저리 플랙의 그림책 명작 『곰 아저씨에게 물어보렴』에서 주인공 아이는 모자라지도 넘치지도 않게 예의를 갖춰 인사를 건네며 자기가 해결해야 할 문제에 대해 공손히 조언을 구한다. 시대와 공간을 뛰어넘어 지금 이 땅의  아이들 앞에서 읽을 때에도 기분이 좋아지는 글이다. 다음은 이 그림책의 4번째와 5번째 장면 글이다.

그래서 대니는 엄마 생일 선물을 구하려고 집을 나섰어요.
대니는 길을 가다가 암탉을 만났답니다.
"암탉 아주머니, 안녕하세요.
오늘 우리 엄마 생일인데요,
뭘 선물하면 좋을까요?"

"꼬꼬댁 꼬꼬, 내가 달걀 하나를 줄 테니까,
그걸 엄마한테 선물하렴."
"고맙습니다. 하지만 우리 엄만 달걀이 있는걸요."
그러자 암탉이 말했어요.
"그럼 우리 함께 생일 선물을 구하러 가자."

_마저리 플랙,『곰 아저씨에게 물어보렴』, 비룡소

내 이야기로 그림책 글/더미 만들기

어린이의 고통이나 갈등이 드러나지 않는 허구의 세계를 그려낸 그림책은 어릴 적 경험을 떠올릴 수 없는 사람들이 꾸며낸 것이다. 그런 식으로 꾸며낸 이야기는 어린이의 생활과 아무 관련이 없다. _모리스 샌닥

마음에 드는 그림책의 주제를 살펴보자. 무엇을 어떻게 쓸지

에 대한 아이디어를 구하는 데 영감을 줄 것이다.

글감-주제와 소재

■ 엄마 아빠, 나를 이렇게 사랑해주세요

『내가 아빠를 얼마나 사랑하는지 아세요』(샘 맥브래트니 글, 아니타 제람 그림)는 침대맡의 아기 토끼와 아빠 토끼가 사랑에 대한 멋진 비유를 주고받는 그림책이다. 아이가 잠들 때까지, 자장가 그림책이 아닌 어떤 것을 읽어줄 수 있을지 생각해보자.

『내가 만일 엄마라면』, 『내가 만일 아빠라면』(마거릿 파크 브릿지 글, 케이디 맥도널드 덴튼 그림), 『내가 아빠고, 아빠가 나라면』(리처드 해밀턴 글, 배빗 콜 그림)은 아이가 엄마 또는 아빠와 입장을 바꿔 온갖 소망을 얘기하는 그림책이다. 특히 도발적인 유머를 구사하는 배빗 콜 그림책을 유심히 들여다보자. 『난 이런 게 좋아』, 『엄마는 이런 게 좋아』(고미 타로) 역시 엄마와 아이가 서로의 기호와 취향을 토로하는 방식으로 '입장 바꿔 생각하기'를 보여주는 그림책이다. 『엄마와 나의 소중한 보물』(사이토우 에미 글, 카리노 후키코 그림)은 아이의 하찮은 물건을 보물로 이해하고 인정하는 엄마, 갓난아기 적 자신의 물건을 소중하게 간직하고 있는 엄마에게 감탄하는 아이의 에피소드를 통해 일상사를 감동적으로 풀어낸다.

■ 친구 사귀기, 다투기, 화해하기

『우리 친구하자』(쓰쓰이 요리코 글, 하야시 아키코 그림)는 낯선 동네로 이사 온 아이가 처음으로 또래 친구를 만나는 가슴 뛰는 '사건'을 긴장감 넘치는 추리 형식으로 그려내고 있다.『큰 늑대 작은 늑대』(나딘 브룅코슴 글, 올리비에 탈레크 그림)와『친구가 생긴 날』(나카가와 히로타카 글, 히로카와 사에코 그림) 또한 각각 처음 만난 또래를 어떻게 친구로 받아들이고, 친구가 되고 싶은 마음을 어떻게 전할지에 대한 멋진 이야기를 담고 있다.『알도』(존 버닝햄)는 언제 어디서나 함께하는 상상 친구에 대해,『고릴라』(앤서니 브라운)와『숲속에서』(마리 홀 에츠),『나랑 같이 놀자』(마리 홀 에츠) 또한 상상 친구에 대해 얘기한다.

■ 형제자매 관계의 갈등, 그 아픔과 기쁨

『피터의 의자』(에즈라 잭 키츠),『달라질 거야』(앤서니 브라운)는 새로 태어나는 동생에 대한 두렵고도 신비로운 느낌을,『난 형이

니까』(후쿠다 이와오)와 『내 동생 싸게 팔아요』(임정자 글, 김영수 그림)는 동생 때문에 겪는 고충과 그에 대한 극복을 통해 주인공의 성장을 보여준다.

■ 처음 경험하는 놀라운 일들

『이슬이의 첫 심부름』은 성장 과정에서 중요한 사건이 되는 '첫 심부름'을 소재로, 가슴이 쿵쿵 뛰는 모험을 이렇게 시작한다.

> 어느 날, 어머니가 말했습니다.
> "이슬아, 너 혼자 심부름할 수 있겠니?"
> "나 혼자?"
> 이슬이는 깜짝 놀랐습니다.
> 지금까지 이슬이는 혼자 밖에 나가본 적이
> 한 번도 없었으니까요.
> "우유가 있어야겠는데,
> 엄마가 너무 바쁘구나.
> 네가 심부름 좀 다녀온?"
> "응, 그럴게. 나도 이제 다섯 살인걸."
> _쓰쓰이 요리코 글, 하야시 아키코 그림, 『이슬이의 첫 심부름』, 한림출판사

에즈라 잭 키츠의 『눈 오는 날』, 『휘파람을 불어요』, 『피터의 편지』는 각각 아이가 처음 경험하는 일상 사건을 얘기한다. 『꼬마 곰과 작은 배』(이브 번팅 글, 낸시 카펜터 그림)는 늘 타고 놀던 배가 갑자기 작아진 사건을 통해 자신의 성장을 깨달은 어린 곰이, 그 배를 타고 놀 만한 어린 친구를 찾아 선물하고, 자기에게 맞는 새로운 배를 만든다는 멋진 이야기이다. 『앵거스와 두 마리 오리』(마저리 플랙)는 호기심 많은 강아지 앵거스가 어느 날 처음으로 담장 너머 바깥세상을 다녀오는 이야기를 그려낸다. 『할머니 집 가는 길』(마거릿 와이즈 브라운 글, 하야시 아키코 그림) 또한 처음으로 혼자 해내는 일의 두려움과 조바심, 성공의 기쁜 결말을 담았다.

■ 먹고 만들고 노는 일의 즐거움

아이들이 가장 좋아하는 일은 먹고 만들고 노는 것이다. 『구리와 구라의 빵 만들기』(나카가와 리에코 글, 오무라 유리코 그림), 『손 큰 할머니의 만두 만들기』(채인선 글, 이억배 그림)에서는 상상 속에서나 가능

한 커다란 음식을 함께 만들어 신나게 먹고 노는 동물들을 통해 감각적인 포만감을 만끽하게 해준다.

■ 먹고 싶은 것, 먹기 싫은 것

『프란시스는 잼만 좋아해』(러셀 호번 글, 릴리언 호번 그림)에서 오직 잼만 먹고 싶어 하는 꼬마 오소리 프란시스는 지혜롭고도 강력한 부모의 조처에 의해 소원대로 잼만 먹게 되고, 결국 잼에 질려서 다른 음식을 먹게 된다. 『난 토마토 절대 안 먹어』(로렌 차일드)는 싫어하는 음식을 먹고 싶게 만드는 지혜로운 과정을 보여준다.

■ 내 인형 이야기

내게 어떻게 인형이 생겼는가, 내가 갖고 놀던 인형은 어디로 갔을까에 대한 이야기는 도서관의 그림책 서가 한쪽을   가득 채우고 있다. 그중에서도 토미 웅거러의 『곰 인형 오토』와

클레어 니볼라의 『엘리자베스』는 인형과의 인연을 바탕에 깔고 가혹한 전쟁과 역사를 얘기한다.

■ 치아·충치·치과 이야기

성장기 어린이에게 치과 관련 경험은 인상적인 드라마로 기억에 각인되기 마련이다. 치아 건강을 위해 주인공이 피할 수 없는 끔찍한 공포의 순간을 통과하는 에피소드는 언제 들어도 흥미진진 짜릿한 법이다. 그림책 작가들은 당연히 이 방면의 이야기를 빠트리지 않는다. 윌리엄 스타이그의 『치과 의사 드소토 선생님』은 꾀 많고 음험한 여우(약육강식의 살벌한 논리)를 멋지게 이겨내는 치과 의사 생쥐의 재치를, 고미 타로 최고의 명작 『악어도 깜짝, 치과 의사도 깜짝!』은 치과 의사와 악어 손님 각각 입장을 통해, 누구에게나 두려움이 있고 그에서 달아나고 싶은 마음이 있기 마련이라는 것을 얘기하고 있다. 치아와 치과 그 자체에 관해 이야기하기보다는 어떤 이야기의 공간이나 서사 배경으로 그것을 활용하곤 한다는 점을 눈여겨보자.

■ 상상 놀이

존 버닝햄의 『지각대장 존』, 토니 로스의 『오스카만 야단 맞아』는 주인공이 자신의 아이다운 실수와 실패를 상상 속의 존재에게 떠넘긴다는 이야기로, 특히 어린 독자에게 환영받는 그림책이다. 아이들을 계도하려는 교훈을 목표로 삼기보다는 세상 논리와 질서에 익숙지 않은 아이들이 일상의 다양한 국면에서 겪는 두려움과 긴장을 누그러뜨릴 수 있도록 격려해준다.『숲속의 요술 물감』(하야시 아키코),『이상한 화요일』(데이비드 위즈너),『구름 공항』(데이비드 위즈너),『돼지가 주렁주렁』(아놀드 로벨 글, 애니타 로벨 그림),『파란 의자』(클로드 부종),『빅토리아가 혼자 집에 있을 때』(마르틴 아우어 글, 지몬네 클라겐스 그림)는 각각의 주제와 함께 상상의 세계를 즐기게 해준다는 공통점이 있다.

- **생일과 선물 이야기**

마저리 플랙의『곰 아저씨에게 물어보렴』은 이 분야의 이름난 고전으로, 엄마의 선물을 진지하게 고민하는 아이의 마음을 잘 담아내고 있다.『엄마, 생일 축하해요』(이상희 글, 김정선 그림)에서는 그림책을 좋아하는 아이가 '그림책'을 활용해서 엄마의 선물을 마련한다.『벤자민의 생일은 365일』(쥬디 바레트 글, 론 바레트 그림)은 날마다 생일이기를 바라는 아이의 마음과 선물의 최대치를 보여주는 독특한 작품이다.

『아기 당나귀와 친구 야키』(린더르트 끄롬하우트 글, 안너마리 반 해링언 그림)에서는 아기 당나귀가 친구 야키의 생일 선물로 예쁜 연을 마련하고는 자기가 그 연을 갖고 싶어서 온갖 다른 선물 거리를 떠올려보지만, 엄마의 조언대로 친구에게 선물을 전하고

둘이 함께 연을 날린다.

■ 상상 속에서 태어난 주인공

『바바빠빠』(아네트 티종·탈루스 테일러)에서 프랑수아는 정원에 물을 주다가 기이한 존재 바바빠빠를 발견한다. 하지만 바바빠빠는 순식간에 너무 커다랗게 자란 탓에 사랑하는 친구 프랑수아를 떠나게 된다. 커다란 몸으로 거리를 헤매다가 동물원에 들어가는데, 몸을 자유롭게 변형시킬 수 있다는 장점을 발견하자마자 '제 맘대로 우리를 빠져나오는 동물'이라는 이유로 동물원에서도 내쫓긴다. 바바빠빠가 어떻게 자기 장점을 발견하고 활용하고 마침내 사랑하는 친구 프랑수아 곁으로 되돌아오게 되는지, 아이들은 물론 어른들도 처음부터 마지막까지 눈을 떼지 못한다.

■ 특별한 어른, 멋진 어른

그림책에는 위대한 일을 이룩한 인물 못지않게 더없이 인상적인 멋진 인간이 등장한다. 당장 아이들에게는 그저 재미나고 독특한 사람의 일화로 받아들여지지만, 오래오래 멋진 어른의 모델로 다시 떠올리게 될 것이다. 바버러 쿠니의 『미스 럼피우스』의 미스 앨리스, 『도서관』(사라 스튜어트 글, 데이비드 스몰 그림)의 엘리자베스, 존 버닝햄 『검피 아저씨의 뱃놀이』의 검피 아저씨, 『에밀리』(마이클 베다드 글, 바버러 쿠니 그림)의 에밀리, 『피터 아저씨의 선물』(엘사 베스코브)의 피터 아저씨를 만나보자.

■ 마녀와 마법사

시리즈 그림책 『마녀 위니』(밸러리 토머스 글, 코키 폴 그림)의 주인공 마녀 위니는 마법을 부릴 뿐, 장난꾸러기 아이와 크게 다를 바 없다. 초록 눈의 검은 고양이 윌버와 함께 좌충우돌 실수를 연발하는 따뜻한 마음씨의 주인공은 어린 독자의 마음을 사로잡아 지금까지 31권에 이르는 연작을 냈다. 클로드 부종의 『책 읽는 두꺼비』에 나오는 마녀는 주인공 두꺼비를 괴롭히는 심술궂은 지배자로 등장하지만, 중간 지점을 지나면서는 두꺼비의 도움을 받는 처지가 된다.

■ 개구쟁이, 호기심 대장, 느림보, 힘없는 막내

마저리 플랙의 앵거스 시리즈 『앵거스와 두 마리 오리』, 『앵거스와 고양이』 등의 앵거스와 『떳떳떳 꼴찌 오리 핑 이야기』 (쿠르트 비저 그림)의 핑, 『티치』

(팻 허친스)의 티치, H. A. 레이의 호기심 많은 조지 시리즈 『아프리카여 안녕』, 『병원 소동』, 『신나는 페인트칠』, 『따르릉 따르릉

비켜 나세요』의 조지는 무리 가운데 가장 어린(막내, 꼴찌) 느림보 또는 못 말리는 개구쟁이다. 어린이 독자는 자기 처지와 닮은 주인공의 이야기에 선뜻 마음을 싣고 몰입하게 된다.

■ 성격파 주인공

사노 요코의 『100만 번 산 고양이』는 어디서도 들어보지 못한 주인공, 즉 '영원한 생명을 지닌 고양이'라는 독특한 캐릭터가 강렬한 인상으로 우리 마음을 잡아끈다.

백만 년이나 죽지 않은 고양이가 있었습니다.
백만 번이나 죽고 백만 번이나 살았던 것이죠.
정말 멋진 얼룩 고양이였습니다.
백만 명의 사람이 그 고양이를 귀여워했고, 백만 명의 사람이 그 고양이가 죽었을 때 울었습니다.
고양이는 단 한 번도 울지 않았습니다.

_사노 요코, 『100만 번 산 고양이』, 비룡소

이 책의 주인공은 백만 번 산 고양이답게 숱한 주인들에게 속한 채 살았으나 마침내 누군가의 고양이가 아닌 '혼자 사는 도둑 고양이'(요즘 자주 쓰이는 '길고양이'라는 표현이 더 좋겠다)의 삶을 선택하고, 자기와 같은 고양이들 가운데 하나를 사랑함으로써 가족을 이룬다. 그리고 사랑하는 하얀 고양이가 세상을 떠나자 다시 태어나기를 거부하고 뒤따라 세상을 떠난다.

숲의 천적들에게 '겁먹고 사는 것'이 싫어서 잡아먹힐 줄 알면서도 대담하게 바위 꼭대기로 나와 햇볕을 쬐기로 한 다시마 세이조『뛰어라 메뚜기』의 메뚜기, 날마다 학교 가는 길에 상상 세계를 즐기다 지각하는 존 버닝햄『지각대장 존』의 존, 아이다운 천성을 억누른 채 어른들 마음에 들기만 애쓰다 악어에게 먹히는 토니 로스『착한 어린이 대상! 제제벨』의 제제벨, 마음껏 아이다운 삶을 즐기는 이언 포크너『그래도 엄마는 너를 사랑한단다』의 꼬마 돼지 올리비아, 기숙사의 열두 여자아이들 가운데 야무지고 당차기로 단연 으뜸가는 루드비히 베멀먼즈『씩씩한 마들린느』의 마들린느, 지혜로워지기 위해 소동을 벌이고 신념에 차서 모험을 벌이지만 웃음거리가 되고 마는 로저 뒤봐젱의 피튜니아 시리즈의 피튜니아, 자신만의 고유한 재능으로 친구와 이웃을 행복하게 만드는 레오 리오니『프레드릭』의 프레드릭과『헤엄이』의 으뜸 헤엄이, 세찬 눈바람을 뚫고 아이다운 방식으로 자신이 맡은 일은 해내는 윌리엄 스타이그『용감한 아이린』의 아이린, 알록달록한 몸 색깔 때문에 즐거움에 빠지기도 하고 괴로워하기도 하는 데이비드 맥키의『알록달록 코끼리 엘머』의 엘머를 만나보자. 지금 바로 우리 곁에 있는 듯 생생한 존재로 여기는 이유를 찾아보자.

■ 사물 주인공

버지니아 리 버튼 『작은 집 이야기』의 작은 집, 『케이티와 폭설』의 케이티, 『마이크 멀리건과 증기 삽차』의 증기 삽차, 『말괄량이 기관차 치치』의 치치, 제롬 뤌리에 『작은 마분지』의 작은 마분지, 김정선의 『야구공』과 권정생의 『강아지똥』(정승각 그림)은 집·자동차·기관차·야구공은 물론 심지어 종잇조각, 강아지똥 같은 생명 없는 사물을 주인공으로 삼아 얘기한다. 모든 사물을 자기 같은 존재로 여기는 어린이의 물활론적 특성을 들여다보자.

■ 고정관념 뒤집기

토미 웅거러는 『제랄다와 거인』, 『크릭터』, 『세 강도』, 『모자』에서 각각 사람 잡아먹는 식인 거인, 사람만큼 커다란 보아뱀, 마차를 세워 보석을 빼앗는 강도들, 외다리 상이군인 등을 주인공으로 내세워서 이들이 (지금 당장 겉보기에는 흉측하고 보잘것없지만) 얼마나 멋진 일을 해내고 세상 모두와 다정한 친구가 되는지 얘기한다.

이 밖에도 우리가 아이디어를 고르고, 구성을 만들고, 글을 쓰는 순간마다 떠올리면서 새삼 감탄하게 되는 멋진 그림책이 수없이 많다. 특별히 마음에 드는 아이디어와 구성 방식, 캐릭터와 문장 표현을 꼼꼼히 메모해두자.

줄거리 뭉치기

배경(무대) 설정하기

어느 날 길을 가던 사자가 빨간 끈을 보았어.

남주현의 『빨간 끈으로 머리를 묶은 사자』는 나무 사이 숲길을 지나가던 사자가 눈이 휘둥그레진 채 빨간 끈에 매혹되는 첫 장면으로 시작된다. 빨간 끈은 숲을 압도하고 아기자기 어여쁜 풀꽃들이 무색할 만큼 강렬한 색깔로 구불구불 부드러운 곡선을 그리며 놓여 있다. 빨간 끈으로 머리 갈기를 묶어보고 싶다는 열망으로 사자는 끈을 당기는데 그것이 땅에 깊숙이 박혀 있다는 문제에 봉착하고, 다양한 시도가 계속 실패하면서 그 열망은 증폭된다. 단순한 이야기는 바로 그 점에서 개연성과 박진감을 갖게 된다.

첫째, '이야기 틀'로서의 무대, 장소의 분위기를 생생하게 전달하는 주체로서의 무대, '거리 두기'를 위한 색다른 무대를 설정하자.

둘째, 무대 자체가 주된 사건을 일으키는 원동력으로 작동될 때도 있다. 중요한 것은 그림책의 특성상 장소에 대한 감각을 전달하는 것이 절대적인 과제다.

셋째, 잘 알고 있는 장소를 무대로 설정해보자. 무대 설정·플롯 구성·성격 설정의 균형을 잡고 입체감을 살릴 수 있는 좋은 방법이 된다.

넷째, 이야기의 무대에 주소·약도·지명을 부여해보자. 이야기를 내 책상 위의 생생한 현실로 만들 수 있다.

등장인물과 동물 또는 사물 정하기

윌리엄 스타이그 『치과 의사 드소토 선생님』의 처음 두 장면은 사다리를 타고 올라서거나 천장과 바닥에 연결된 도르래를 탄 채 돼지와 말의 이빨을 치료하고 있는 드소토 선생님과 그의

부인 조수를 보여준다. 치과 병원을 정교
하게 그려 보인 화면에 의해 이야기는 생
생한 현실이 되어 살아 움직인다.

장면1

드소토 선생님은 치과 의사입니다.
선생님은 이가 아프지 않게 잘 치료해 주셨어요.
그래서 그의 병원에는 환자들이 끊이질 않았어요.
선생님은, 자기와 몸집이 비슷한 두더지나 다람쥐 같은 동물들은
치과 의자에 앉히고 치료해 주었습니다. 조금 더 큰 동물들은
바닥에 앉게 한 다음, 사다리에 올라가서 치료해 주었어요.

장면2

그리고 훨씬 큰 동물들은 특별 진료실에서 치료해 주었어요.
특별 진료실에서, 선생님은 조수가 당겨 주는 도르래를 타고
환자의 입 가까이 다가갔어요. 조수는 선생님의 부인이었어요.

_윌리엄 스타이그, 『치과 의사 드소토 선생님』, 비룡소

버지니아 리 버튼의 『작은 집 이야기』는 '작은 집'이 주인공이
다. 작은 집이 서 있던 조용한 시골 마을은 세월이 흐르면서 엄청
난 변화를 겪고, 28층 빌딩과 35층 빌딩에 둘러싸인 채 고가 전

철과 지하철이 오가는 대도시 번화가가 된다. 처음과 다름없는 데도 주위의 변화에 의해 초라하고 옹색해진 작은 집은 다행히 집주인의 손자 손녀에게 발견되어 예전과 비슷한 풍경의 시골 마을로 옮겨진다.

> 작은 집은 오랫동안 언덕 위에서
> 주위의 경치를 바라보며,
> 행복하게 지냈습니다.
> 아침이면 해님이 떠올랐다가 저녁이 되면
> 사라졌습니다. 오늘이 가면 또 다음 날이 찾아왔습니다.
> 어제와 오늘은 조금씩 달랐습니다……
> 하지만 작은 집만은 언제나
> 똑같았습니다.
>
> _버지니아 리 버튼, 『작은 집 이야기』, 시공주니어

그림책에서 동물이 자주 등장하게 된 데에는 사람 가까이 사는 동물에게 어린이가 친근감을 느끼고, 그들 생명을 존중하게 하자는 의도가 있다. 그런데 그림책 작가는 동물을 주인공으로 내세울 수 있게 된 덕분에 엄청난 이점을 누린다. 동물에게 인간의 역할을 대신하게 하여 객관화를 구현하고, 남녀노소 주인공이 등장할 경우의 인종과 성별 문제로부터도 자유로울 수 있다.

동물에게 인간적 특성을 담을 것인가, 사람을 동물로 변장시킬 것인가에 대해 연구해보자.

주인공과 조연은 일관성 있게 등장해야 한다. '주인공 인간과 동물(또는 인형 같은 사물)' '주인공 아이와 어른 부모'와 같이 관계 범위를 한정하는 것이 안전하다. 베아트릭스 포터의 『피터 래빗』과 H. A. 레이의 『아프리카여 안녕』은 동물과 인간이 나란히 등장하면서도 존재적 특성이 충돌하지 않은 성공적인 예라고 할 수 있다.

이름은 기억하기 쉽게, 그러나 인상적이어야 한다. 존 버닝햄은 『지각대장 존』에서 선생님이 존을 야단칠 때 '존 패트릭 노먼 맥 헤네시'라고 호명함으로써 어린 학생을 법정에 세우듯 죄인 취급하는 인물 이미지를 강조했다. 또한 『크리스마스 선물』에서는 산타 할아버지가 깜박 잊고 빠트린 선물의 주인공에게 '하비 슬럼펜버거'라는 복잡하고 발음하기 힘든 이름을 붙임으로써, 이제 막 고단한 선물 배달을 마치고 잠자리에 들던 산타가 옷을 다시 껴입고 주인공을 찾아가 선물을 전달하는 본분과 임무의 어려움을 암시하면서 이야기 전체를 긴장감 있게 끌어간다.

시작과 끝은 인상적으로

그림책은 16장면으로 모든 것을 얘기해야 한다는 점에서, 첫 장면과 끝 장면의 역할이 두드러진다. 첫 장면에서 주인공과 배경이 소개될 뿐만 아니라 곧바로 사건이 일어나거나 시작되어야 하고, 마지막 장면에서 모든 사건과 드라마가 완벽히 해결되어 만족감과 감동 넘치는 결말로 매듭지어져야 한다. 그것은 마치 옛이야기가 시작될 때의 정보량과 흡사하며, 동화에서 분위기를 잡느라 한참을 에둘러 주인공과 배경을 드러내는 것과 확연히 다르다.

"조지야, 이 침대는 이제 너한테 너무 작아.
아빠랑 쇼핑센터에 가서 새 침대 좀 사오라니까?"

_존 버닝햄, 『마법 침대』, 시공주니어

존 버닝햄의 『마법 침대』 첫 장면은 이 이야기에서 새 침대와 관련된 사건이 벌어지리라는 것을 드러낸다.

맥스 벨트하우스의 『사랑에 빠진 개구리』의 첫 장면은 강둑에 앉아 있는 개구리의 상태가 여느 때와 다르다는 것을 보여줌으

로써, 이야기의 배경 및 주인공에 대한 소개와 더불어 문제(사건)의 핵심으로 곧장 진입하고 있다. 이제 개구리는 자신의 문제가 누군가를 사랑하기 때문에 발생한 것이라는 걸 알아내며, 그 사랑을 이루기 위해 애쓰고, 마침내 성공한다.

> 강둑에 개구리가 앉아 있었습니다.
> 그런데 이상했어요.
> 개구리는 자기가 행복한지, 슬픈지 알 수가 없었어요.
> _막스 벨트하우스, 『사랑에 빠진 개구리』, 마루벌

레오 리오니의 『헤엄이』 마지막 장면은 생존 문제를 완벽하게 해결한 으뜸이와 친구들이 지금은 얼마나 안전하고 행복하게 지내는지를 보여준다.

> 그렇게 하여 작은 물고기들은 시원한 아침에도, 한낮의 햇살 아래에서도 헤엄을 치며
> 큰 물고기들을 쫓아 버렸습니다.
> _레오 리오니, 『헤엄이』, 마루벌

모리스 샌닥은 현대 그림책의 효시로 일컫게 된 자신의 탁월한 작품 『괴물들이 사는 나라』의 마지막 장면에서 과감하게 그

림 없는 단 한 줄의 텍스트만으로 맥스의 안전하고도 완벽한 귀가 및 어머니와의 평화로운 화해를 암시하며 마무리 짓는다. 그러나 이것은 특별히 성공적인 예로, 마지막 장면을 포함해서 그림책의 모든 장면은 글과 그림으로 구성하는 것이 결말다운 만족감을 준다는 것을 기억하자.

저녁 식사는 아직도 따뜻했어.

_모리스 샌닥, 『괴물들이 사는 나라』, 시공주니어

칼데콧 상을 수상한 그림책 작가 유리 슐레비츠는 그림책 이야기의 주된 목표로 '변화'를 중시한다. 그림책 이야기의 시작은 변화의 이유 또는 동기로서의 문제 제기이며, 중간은 변화가 일어나는 진행 과정으로서의 장애 극복 과정과 문제 해결 과정이며, 끝은 변화의 마무리로서의 문제 해결에 의한 결과라는 것이다. 시작은 변화된 결말의 원인이 되고, 결말은 변화의 시작을 기억하는 결과가 된다.

기승전결 - 뼈대 세우기

『꼬마 곰과 작은 배』(이브 번팅 글, 낸시 카펜터 그림)는 호수를 떠다니며 타고 노는 '배'가 만족스럽다 - 만족스럽지 않다 - 만족스럽게 되도록 애쓰고, 거듭 애쓴다 - 만족스럽게 되었다의 순차적 기승전결 형식에 충실하다.

『셜리야, 물가에 가지 마』(존 버닝햄)는 한 가지 사건에 대해 이질적으로 발생하는 동시적 상황을 보여주기 위해 대위법적 구성을 도입하고 있다. 『로지의 산책』(팻 허친스)은 극도로 제한된 정보를 진술하는 글과 풍부한 드라마를 보여주는 그림의 간극을 통해 유머를 선사한다. 『오늘의 일기』(로드 클레멘트)의 글과 그림은 각기 순차적 기승전결 형식에 충실하지만, 글이 불러일으키는 이미지와 실제 그림 이미지의 배반적 간극이 빚어내는 쾌감을 즐길 수 있다. 『고릴라』(앤서니 브라운)는 글보다 그림이 더 많은 정보를 제공하며 주제를 발전시켜 나간다.

등장인물 중의 특별한 존재, 수수께끼, 움직임 등 독자의 눈을 끌만 한 것을 첫 페이지에 등장 시켜 독자를 당황하게 하거나 호기심을 자극하거나 때로는 깜짝 놀라게 함으로써, 독자의 마음을 사로잡아야 한다.

『헤엄이』(레오 리오니)의 첫 장면은 빨간색 물고기 친구들과 완벽히 다른 이 새까만 물고기 주인공이 어떻게 자기와 다른 무리들 속에서 살게 되었는지 설명하지 않는다. 얼른 이야기 속으로 뛰어들고 싶어 하는 독자의 욕구에 호응해 '작은 물고기들이 큰 물고기들을 겁내지 않고 행복하게 살게 되는 이야기'를 향해 곧바로 본론으로 진입했기 때문이다.

바닷속 한 구석에 작은 물고기들이 떼를 지어 행복하게 살고 있었습니다.
모두 빨간색 물고기들이었죠. 그 가운데 한 마리만이 홍합 껍질처럼 새까만 색이었습니다. 이름은 '으뜸 헤엄이'였어요. 다른 친구들보다 헤엄을 잘 쳤기 때문이지요.

_레오 리오니, 『헤엄이』, 마루벌

그림책의 서두는 지나치다 싶을 정도로 대담하게 시작하는 것이 좋다. 이야기의 중간 지대에서는 플롯의 다음 단계로 진입해야 한다. 시들해지지 않게, 절묘한 타이밍으로 박진감을 고조시키는 솜씨가 필요하다. 세부를 묘사하기 위해, 잠깐의 휴식이나 속도를 바꾸는 장치로써, 대화문을 연구하자.

특히 자기가 처한 상황에 대해 곰곰이 생각하는 주인공의 자문자답은 좋은 휴식 지대가 되면서, 플롯의 변화를 도모할 수 있는 장치가 된다. 이브 번팅의 『꼬마 곰과 작은 배』에서 커다란 곰이 된 주인공 꼬마 곰은 늘 타고 놀던 작은 배가 뒤집히는 바람에 물에 빠지고 만다. 이제는 '자꾸자꾸 자라서 커다란 곰'이 되었기 때문에 '그냥 그대로 있는 작은 배'를 탈 수 없다는 엄마 곰의 얘기를 듣고 슬퍼하던 끝에 혼잣말하며 자신을 깨우친다.

"내 작은 배를 그냥 내버려 둘 수는 없어.
작은 배는 누군가 타고 다니면서 물고기도 잡고,
누워서 꿈도 꾸어야 해.
푸르고 푸른 호수에서 언제까지나 떠다녀야 해."
커다란 곰은 머리를 긁적이다가 소리쳤어요.
"알았다! 나만큼 내 작은 배를 좋아해 줄 다른 꼬마 곰을 찾는 거야!"
_이브 번팅 글, 낸시 카펜터 그림, 『꼬마 곰과 작은 배』, 웅진주니어

이야기의 결말에서는 줄거리가 완성되는 것 이상으로, 주인공이 성공적으로 삶을 살아갈 것이라는 확신을 주어야 한다. 독자에게 '긍정'을 제공하고, 인생과 세상에 대해 알려주고, 문제들이 어떻게 해결되는지 알려주어야 하는 것이다. 유리 슐레비츠

는 이에 대해 "독자의 내면세계와 공명하는 느낌을 통해 안심시키고, 강화해주고, 영감을 불어넣고, 즐거움을 주어야 한다."라고 강조한다.

작가는 자신이 쓰고자 하는 이야기 자체가 되어야 한다. 이야기의 모든 요소와 공감해야 하며, 어떤 것도 중요치 않다고 내버려두거나 잊어버리거나 무시해서는 안 된다. 또한 결말에서는 만족감과 의외성이 균형 있게 이루어져야 한다. 만족감과 의외성이 균형 있게 안배된 결말을 통해 어린이 독자가 성장과 깨달음과 성취감을 얻는 것이 그림책의 진정한 목표인 것이다.

그림책 글 구성의 여러 가지

> 미술감독이 되었다고 생각하고, 거의 직관적으로 32페이지의 구성을 생각하고 그림의 크기와 페이지당 글자 수를 떠올리며 아이디어를 직관적으로 발전시킨다.
> _신시아 버질

누적 구성

우크라이나 민화를 뛰어난 그림으로 재화한 에우게니 M. 라초프의 『장갑』은 겨울 숲속에 장갑 한 짝이 떨어지면서 이야기가 시작되고, 장갑 속으로 쥐와 개구리와 토끼와 여우와 늑대와 멧돼지와 곰이 하나씩 들어가는 에피소드가 최대치로 누적되면서 절정에 이른다.

『비 오는 날 생긴 일』(미라 긴스버그 글, 호세 아루에고·아리앤 듀이 그림)에서는 개미 하나가 조그만 버섯 아래로 들어가 비를 피하는데, 나비와 쥐와 참새도 차례차례 들어가고, 여우를 피해 몸을 숨기려는 토끼도 들어간다. 허탕친 여우가 돌아가고 비도 그쳐, 모두들 바깥으로 나와서는 그토록 조그만 버섯 아래에서 어떻게 다 함께 있었는지 놀라워한다.

점층/점강 구성

모리스 샌닥의 『괴물들이 사는 나라』에서 맥스는 어머니에게 못되게 대꾸한 벌로 자기 방에 갇히지만 맥스의 상상놀이는 오히려 점점 영역을 넓혀간다. 『내가 아빠를 얼마나 사랑하는지 아세요?』(샘 맥브래트니 글, 아니타 제람 그림)에서 아기 토끼와 아빠 토끼는 서로에 대한 사랑을 경쟁적으로 표현하느라 점점 더 큰 몸짓을 보여준다. 『저런, 벌거숭이네』(고미 타로)는 사자 모습의 주인공이 목욕에 앞서 사자 가면과 옷 벗는 과정을 차례차례 보여주는 점강 구성을 구현하면서 놀라운 반전으로 결말에 이른다.

병렬 구성

마리 홀 에츠의 『나랑 같이 놀자』에서는 주인공 아이 '나'가 들판에 놀러 나가 메뚜기·개구리·거북·다람쥐·어치·토끼·뱀 등 동물 친구 하나하나에게 다가가 "나랑 놀자"고 말을 걸지만, 실패한다. 낙담한 아이가 홀로 앉아있자 달아났던 동물들이 차례차례 돌아오고 난데없이 아기 사슴까지 찾아와 아이의 뺨을 핥아준다.

『엄마와 나의 소중한 보물』(사이토우 에미 글, 카리노 후키코 그림)은 인호의 장난감 상자를 정리하던 엄마가 여러 가지 자질구레한 물건들을 처분하기 위해 인호에게 허락을 구하지만, 인호로부터 설명을 듣고는 그것이 '보물'이라는 데 동의한다.

액자 형식 구성

『하늘에서 음식이 내린다면』(쥬디 바레트 글, 론 바레트 그림)은 주인공 내레이터가 토요일 아침 식탁에서 일어난 팬케이크 소동을 얘기하다가 그날 밤 할아버지가 들려준 신기한 이야기를 인용한 뒤, 다음 날 아침의 현실을 진술한다. 액자 바깥의 이야기가 상당히 많은 경우로 볼 수 있다.

반전, 그리고 결말에 가서 밝혀지는 비밀

토니 로스는 『오스카만 야단맞아』에서 개구쟁이 오스카가 자기 잘못을 투명 친구 빌리가 한 일이라고 떠넘김으로써 독자들이 오스카의 투명 친구를 믿지 않을 수 없게 만든다. 그러나 맨 마지막 장면에서 빌리는 오스카의 다른 모습이라

는 것을 밝힌다. 『착한 어린이 대상! 제제벨』에서는 어른들의 요구와 기대에 착실히 부응해온 모범생 제제벨이 끔찍한 일을 당한다.

앞에서 시작하고, 뒤에서 시작하고

에드 영의 『내가 찾던 바로 그 강아지/내가 찾던 바로 그 아이』는 아이가 간절히 원하는 반려동물 강아지를 찾아내는 과정과 강아지가 간절히 찾는 아이가 마침내 만나는 결말을 그림책 중간 지점에 설정한다. 나는 『엄마는 내 마음도 몰라 솔이는 엄마 마음도 몰라』(이혜경 그림)를 쓰면서 아이와 어른의 감정 차이를 일상생활 속의 동일한 에피소드를 통해 대치시키면서, 그럼에도 불구하고 서로 믿고 사랑하는 관계라는 사실을 그림책 중간 지점에 설정했다. 『내가 찾던 바로 그 강아지/내가 찾던 바로 그 아이』를 번역하면서 매력적인 구성을 연구한 덕분이다.

글과 그림의 이중주

엘렌 E. M. 로버츠는 "그림책의 막을 여는 감동을 구현하는 것은 그림 작가의 몫이고, 이야기를 끌고 나가는 것은 작가의 임무이다."라고 말했다. 또 마리아 니콜라예바와 캐롤 스콧은 "글의 기능은 원초적으로 이야기하는 것, 즉 서사이다. 그림의 기능은 묘사하고 재현하는 것."이라고 강조한다. 물론 반드시 그렇지만은 않다. 그림이 사건을 이야기하고, 글이 상황을 묘사하기도 한다.

대응 구성

내용의 전부 또는 일부를 축소하여 정교하게 보여주거나 강렬하게 이미지화해서 강조하는 방법, 내용을 확장하고 보충하여 훨씬 풍부하게 보여주는 그림, 그림을 해설하는 글 등 글과 그림이 상호 관계를 만들어가며 서술되는 대응적이자 상호 보완적인 구성이다. 『고릴라』는 한나가 잠든 사이에 일어난 일을 글로 설명하지 않고 그림으로 보여준다.

한나는 다른 장난감들과 함께 고릴라 인형을 구석에 던져 넣고 다시 잠자리에 들었습니다. 그날 밤에 뭔가 놀라운 일이 일어났습니다.

_앤서니 브라운,『고릴라』, 비룡소

『작은 배』(캐시 헨더슨 글, 패트릭 벤슨 그림)는 원근법과 시점의 대담한 변화를 통해 글과 그림이 정확히 대응하면서도 박진감 있는 구성력을 펼쳐 보인다.

대위법 구성 - 음악 연주하기

각각의 악기가 저마다의 멜로디로 화음을 이루면서 한 곡의 음악을 빚어내듯, 글은 글대로 그림은 그림대로 각자의 방향으로 흐르면서 하나의 이야기를 심층적으로 전달하는 구성이다. 존 버닝햄의『셜리야, 목욕은 이제 그만』,『셜리야, 물가에 가지 마』는 한 장면을 둘로 나누어 한쪽에는 셜리의 행동에 대해 끊임없이 지시하고 제동을 거는 부모가 등장하고, 한쪽에는 자유로이 상상의 세계를 즐기고 있는 셜리의 모습을 구성함으로써 궁극적으로 일치될 수 없는 어른과 어린이 세계의 간극을 재치 있게 표현하고 있다.

엮어 짜기 구성 - 옷감 짜기

두 가닥의 실을 번갈아 짜서 엮은 한 필의 옷감과도 같이 내

적 연관성을 갖는 그림과 글이 번갈아 응답하는 방식으로 서로 반향하고 화답하는 구성이다. 교차 전진 구성이라고도 한다. 마거릿 파크 브릿지의 『내가 만일 엄마라면』(케이디 맥도널드 덴튼 그림)과 『내가 만일 아빠라면』(케이디 맥도널드 덴튼 그림), 그리고 존 버닝햄의 『우리 할아버지』를 살펴보자.

아이러니 구성

배빗 콜의 『내 멋대로 공주』는 글이 공주답게 생활하는 온건한 주인공을 서술하는 반면, 그림은 공주의 전형을 벗어나는 주인공—작업복을 입은 채 오토바이를 타고 제 몸집보다 몇 배나 되는 커다란 괴물을 벗삼는 여성—을 보여줌으로써 유머 넘치는 간극의 아이러니를 구사한다.

동시성 · 비동시성

마치 영화에서 인물의 표정과 대화 내용이 동일해 소리와 화면이 일치를 이루는 것과 같은 동시성, 인물의 표정과 대화 내용을 다르게 연출하여 소리와 화면이 일치하지 않음으로써 복잡한 감정 표현이나 현재 시간 너머의 시간을 서술하는 것과 같은 비동시성을 적용할 수 있다.

글 없는 그림책을 위한 시나리오 쓰기

옐라 마리의 『빨간 풍선의 모험』, 『나무』, 『사과와 나비』 등은 글 없는 그림만의 장면들로 이루어져 있다. 그러나 틀림없이 작업 초기에는 글 또는 글에 의한 구성이 있었을 것이다. 이것은 마치 영화감독이 시나리오에 입각해 영화를 연출하지만, 관객에게 시나리오의 존재는 감춰지거나 인식되지 않는 것과 비슷한 의미를 띤다.

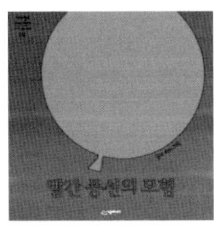

글 작가와 그림 작가의 협응과 배반, 동상이몽

글 작가는 그림의 효과를 계산하면서 글을 써야 한다. 그림의 느낌, 시각의 흐름까지도 떠올려야 한다. 그렇지만 글 작가가 한 장면으로 생각한 것을 그림 작가는 여러 장면으로 풀어낼 수도 있고, 글 작가가 여러 장면으로 생각한 것을 그림 작가가 한 장면으로 풀어낼 수도 있다. 그림 작가는 글 그대로 오롯이 그림으로 옮겨 장면화할 수도 있고, 글에 나오지 않는 배경을 상상해 그릴 수도 있으며, 다음 화면과의 관계와 전체 흐름을 고려해 의외의 연출을 시도할 수도 있다.

뛰어난 그림책일수록 그림 자체의 이야기가 많다. 그러나 글과 그림은 박자와 분위기가 맞아야 한다. 글은 바쁜데 그림은 느리다면, 글은 침울한데 그림은 화사하다면, 검박하고 조촐한 인물의 삶을 그리는데 화려한 물감을 듬뿍 쓰는 그림 스타일을 구사한다면 어떨까?

화법에 관하여

이야기와 주제에 어울리도록, 등장인물과 드라마에 효과적인 화법을 선택하자. 나는 하나의 이야기를 두어 가지 시점 및 화법으로 쓴 다음 소리 내어 읽어보면서, 어느 쪽이 좀 더 잘 어울리는지 비교해보곤 한다.

1인칭 시점/2인칭 시점/3인칭 시점에서 말하기

아이가 자신의 이야기를 할 때, 어른이 어린 시절을 회상하는 내용일 때, 1인칭 시점이 적절하다. 바버러 쿠니의 『미스 럼피우스』는 '나' 앨리스가 자기와 이름이 같은 고모할머니 앨리스에 대해 얘기한다. 샘 맥브래트니의 『내가 아빠를 얼마나 사랑하는지 아세요?』, 존 버닝햄의 『우리 할아버지』, 바버러 쿠니의 『바구니 달』『에밀리』, 마리 홀 에츠의 『나랑 같이 놀자』 또한 1인칭 시점으로 서술하고 있다. 로버트 먼치의 『언제까지나 너를 사랑해』, 앤드루 클레멘츠의 『아빠는 너를 사랑해』(R. W. 앨리 그림)는 부모가 아이를 얼마나 사랑하는지에 대한 내용을 2인칭 시점으로 구사한다. 3인칭 시점은 대개의 그림책이 구사하는 서술 형식이다. 『지각대장 존』은 존의 시점에서, 『괴물들이 사는 나라』는 맥스의 시점에서, 『고릴라』는 한나의 시점에서 얘기한다.

두 주인공 중 하나를 따라가기

『곰 인형 오토』와 『엘리자베스』는 똑같이 지나간 시절에 함께 지냈던 아이(들)와 놀잇감이 전쟁의 광풍을 겪으며 헤어졌다가 오랜 세월 뒤에 다시 만나는 이야기를 다루고 있다. 그러나 『곰 인형 오토』가 오토의 시점으로 헤어진 세월을 이야기하는 데 반해, 『엘리자베스』는 아이의 시점으로 헤어진 세월을 이야기하며 노년의 주인공이 골동품 가게에서 어린 시절 강아지 치치에게 물린 자국이 있는 자기 인형 엘리자베스를 만나고 그 딸아이의 딸에게 엘리자베스를 선물한다는 결말로 끝난다. 두 작품을 비교해 감상해보자.

주어를 생략한 글

한병호의 『새가 되고 싶어』는 분명한 주인공이 등장하지만 주어인 '나'를 생략한다. 문법상으로는 불완전한 문장이지만, 독자가 주인공에 대한 동일시를 더욱 적극적으로 경험하는 효과를 내고 있다.

날개가 있다면 편할 텐데. −장면1
걷지도, 차를 타지 않아도 될 거야. −장면2
그럼, 새가 되는 건 어떨까? −장면3

_한병호, 『새가 되고 싶어』, 시공주니어

입말과 글말

그림책에서는 대체로 입말과 글말이 동시에 사용된다. 입말(구어체)은 주로 대화문에 사용되고, 글말(문어체)은 서술문에 사용된다.

간접화법과 직접화법

남의 말을 인용하여 재현하는 방법으로, 그대로 되풀이해서 말하는 직접화법과 주된 사실만 취해 자기 말로 표현하는 간접화법이 있다.『부러진 부리』(너새니얼 래첸메이어 글, 로버트 잉펜 그림)는 3인칭 시점의 직접화법으로 어린 참새의 느닷없는 불행을 얘기한다.

꼬마 참새 하나가 공원 숲의 커다란 나무에서
친구들과 함께 살고 있었어.
_너새니얼 래첸메이어 글, 로버트 잉펜 그림,『부러진 부리』, 문학과지성사

윌리엄 스타이그의『아모스와 보리스』는 직접화법에 간접화법을 섞어 생쥐와 고래의 우정을 얘기한다.

그 일이 있고서 여러 해가 지났어. 아모스는 이제 더 이상 어린 생쥐가 아니었고, 보리스도 어린 고래는 아니었지. 그 바다에, 백 년에 한 번 올까 말까 한 사나운 폭풍 허리케인 에타가 불어닥쳤어. 그 폭풍 때문에 고래 보리스는 높은 파도에 실려 아모스네 집이 있는 바로 그 바닷가로 떠밀려 왔대.
_윌리엄 스타이그,『아모스와 보리스』, 비룡소

반말체, 반 존댓말체, 존댓말체

에즈라 잭 키츠의 『피터의 의자』는 "그런데 앉을 수가 없었어. 피터가 너무 컸거든!"과 같이 반말체로 서술한다. 『백만 마리 고양이』에서는 "할아버지는 할머니에게 보여줄 예쁜 고양이들을 데리고, 서늘한 골짜기를 몇 개 지나고 뙤약볕이 내리는 언덕을 몇 개 넘고 넘어 집으로 향했어요."와 같이 반 존댓말체로 이야기한다. 『무지개 물고기』에서는 "무지개 물고기와 친구들은 새로 사귄 거대한 흰수염고래의 보호를 받으며, 크릴이 많이 모여 있을 만한 새로운 터전을 찾아 나섰습니다."와 같이 존댓말체로 말한다. 물론 번역문의 경우, 번역자 또는 편집자의 재량으로 이를 정하지만, 이때에도 원서의 뉘앙스를 유심히 살펴서 결정한다.

묻고 대답하는 말글 – 대화체

적절히 운용하기만 하면 대화체는 무척 유용하다. 질문과 초대 혹은 권유를 통해 적극적인 참여를 이끌어낸다. 즉 질문에는 대답을, 권유나 초대에는 그에 응함으로써 얻게 되는 즐거운 결과를 즉각 제시한다. 또 질문과 대답을 반복함으로써 사안의 중대함을 독자에게 인식시킨다. 샘 맥브래트니는 『내가 아빠를 얼마나 사랑하는지 아세요?』에서 대화형 서술을 구사함으로써 아이와 부모 간의 사랑을 매력적으로 강화한다. 또한 독자에게는 그렇게 말하거나 그런 말을 들을 때의 기분이 얼마나 멋지고 행복한지 알려준다.

의성어 · 의태어

『탁탁 톡톡 음매 젖소가 편지를 쓴대요』(도린 크로닌 글, 베시 르윈 그림)는 동물들이 내는 의성어와 타자기 소리가 내는 기계적 의성어를 중심에 놓고 멋진 이야기를 만들어낸 경우이다.

설명 글 + 노래

『구리와 구라의 빵 만들기』(나카가와 리에코 글, 야마와키 유리코 그림)는 내용의 일부를 노래에 담아 독자에게 전달한다. 두 주인공의 캐릭터와 특기를 소개하는 이 노래는, 두 주인공이 요리를 하거나 음식이 익기를 기다릴 때에도 활용된다.

> 우리들 이름은 구리와 구라
> 세상에서 제일 좋은 건
> 요리 만들기와 먹는 일.
> 구리 구라, 구리 구라.
>
> _나카가와 리에코 글, 야마와키 유리코 그림,
> 『구리와 구라의 빵 만들기』, 한림출판사

『프란시스는 잼만 좋아해』(러셀 호번 글, 릴리언 호번 그림)에서 오직 잼만 먹고 싶어 하는 주인공 프란시스가 잼을 얼마나 좋아하는지 노래하는 장면이다.

> 흰자는 미끌미끌해, 너무 싫어
> 노른자는 텁텁해, 너무 싫어
> 달걀이라면 정말 너무 싫어
> 달걀 안 먹어도 괜찮아
>
> 비스킷에 잼 발라 먹고
> 토스트에 잼 발라 먹고
> 잼이 좋아, 너무 좋아
> 새콤달콤, 끈적끈적
> 딸기 잼, 사과 잼, 포도 잼
> 잼 없이는 못 살아!
>
> _러셀 호번 글, 릴리언 호번 그림, 『프란시스는 잼만 좋아해』, 비룡소

반복, 리듬감

『갈색 곰아, 갈색 곰아, 무엇을 보고 있니?』(빌 마틴 주니어 글, 에릭 칼 그림)는 운율감 넘치는 반복과 함께, 앞서 등장한 대상물을 계속 이어간다. 전체적인 흐름을 짐작할 수 있어 어린이 독자들의 마음을 즐겁게 사로잡는다.

갈색 곰아, 갈색 곰아,
무엇을 보고 있니?

나를 바라보는
빨간 새를 보고 있어.

빨간 새야, 빨간 새야,
무엇을 보고 있니?

_빌 마틴 주니어 글, 에릭 칼 그림,
『갈색 곰아, 갈색 곰아, 무엇을 보고 있니?』, 더큰

이밖에도 그림책 글을 쓰기 위해 연구하고 훈련해야 할 점은 많고도 많다. 무엇보다 중요한 것은 직접 이야기를 쓰는 것이고, 직접 만든 더미북에 그 이야기를 나누어 담으면서 16장면 그림책 작업을 시도해보는 것이다. 훌륭한 그림책들을 소장하고 거듭 탐독하면서 형식적 완성도와 작품성을 두루 갖춘 글을 쓸 수 있도록 끊임없이 애쓰자.

어른이 그림책을 만나는 시점은 대개 '어린이를 위한 책'을 고르고 읽어줄 때이다. 그러한 과정에서 어른인 자신 또한 그림책의 감흥을 경험하고 놀라지만, '그림책은 어린이책'이라는 고정관념을 쉽게 벗어나지 못한다. 그림책이 0세부터 100세의 전 세

대가 향유하는 더없이 저렴하고도 접근성 높은 일상 예술품임을 깊이 경험하기, 무엇보다 나 자신을 위한 예술품으로서 그림책을 정독하기… 이것을 그림책 쓰기의 처음과 끝에서 다시 한번 되새기길 바란다.

나가는 말

얼마 전 예술교육자 에릭 부스가 쓴 『일상, 그 매혹적인 예술』을 읽었다. 마지막 장의 '100번째 원숭이' 이야기가 특히 인상적이었다.

일본 본토에서 조금 떨어진 고시마 섬에서 영장류 생물학 팀이 일본원숭이를 대상으로 한 가지 실험을 실시했다. 연구팀은 원숭이 먹이로 고구마 다발을 해변에 던져놓았다. 원숭이들은 고구마를 좋아했지만 한 가지 문제를 해결하지 못해 고구마 주위를 맴돌며 망설였다. 고구마에 묻은 모래를 털기 어려웠던 것이다.

얼마 후, 연구팀이 '이모'라고 부르는 암컷 원숭이가 우연히 고구마를 바다에 빠뜨렸고, 그 덕분에 기막힌 사실을 알게 됐다.

바닷물이 모래를 씻어낼 뿐만 아니라 고구마를 더 맛있게 해준다는 사실이었다. 그 후로 이모는 고구마를 언제나 바다에 담근 후에 먹었고, 그 비밀을 다른 원숭이들에게도 알려주었다. …

_에릭 부스, 『일상, 그 매혹적인 예술』, 에코의 서재

처음에는 가족들만 따라 했던 '고구마, 바닷물에 담가 먹기'가 원숭이들 사이에 점점 퍼져나갔는데, 연구팀의 관찰과 기록에 의하면 대략 100번째 원숭이가 따라 했을 때엔 원숭이 집단 전체가 스스로 그렇게 했다는 것이다. 심지어 그 섬과 뚝 떨어진 섬의 원숭이들까지! 결국 일본원숭이 전체가 고구마를 바닷물에 담가 먹게 된 이 사건을 인용하면서 에릭 부스는 일상을 예술가의 마음으로 살아가는 사람들이 원숭이들처럼 임계질량에 이르고, 마침내 온 세상 사람들이 그렇게 하기를 바랐다.

나 또한 그림책을 읽고 보는 이들이 100에 이르고 마침내 모든 사람이 그러기를 바라는 마음으로 이 책을 썼다. 멋진 것을 함께 누리고자 하는 마음 하나로. 모쪼록 우리 사회의 인문과 문화 기반을 제대로 누리지 못한 세대의 어른들, 그림책을 영유아기 교육 도구로 오해하는 이들이 이 멋진 예술품에 놀라며 새로이 눈뜨길 간절히 바란다.

이 책을 곁에 두고 시시때때 참고한다는 작가들에게 받은 감

사를 마음의 빚으로 여기며, 몹시도 벼르던 개정 작업이었다. 여전히 시간에 쪼들려 마음껏 몰두하고 집중하지 못했으나, 처음부터 끝까지 꼼꼼히 다듬고 고치고 보완하려 애썼다.

2020년 10월 그림책도시 원주에서

이상희

참고 문헌

- 엘렌 E. M. 로버츠 지음, 김정 옮김, 『그림책 쓰는 법』, 문학동네, 2002
- 서남희 지음, 『그림책과 작가 이야기』, 열린어린이, 2005
- 옌스 틸레 외 지음, 지광신 외 옮김, 『그림책의 새로운 서사 형식』, 마루벌, 2010
- 사사키 히로꼬 지음, 고향옥 옮김, 『그림책의 심리학』, 우리교육, 2004
- 현은자·김세희 지음, 『그림책의 이해 1, 2』, 사계절, 2005
- 정은정, 『네버랜드 그림책을 빛낸 거장들』(네버랜드 세계의 걸작 그림책 200권 출간 기념), 시공주니어, 2009
- 『마술피리-영국어린이도서일러스트레이션전』(국립어린이청소년도서관)
- 현은자 외 지음, 『세계 그림책의 역사』, 학지사, 2008
- 요하네스 아모스 코메니우스 지음, 남혜승 옮김, 『세계 최초의 그림 교과서』, 씨앗을뿌리는사람, 1999
- 존 로 타운젠드 지음, 강무홍 옮김, 『어린이책의 역사 1, 2』, 시공사, 1996
- 김환희 지음, 『옛이야기와 어린이책』, 창비어린이, 2009
- 김환희 지음, 『옛이야기의 발견』, 우리교육, 2007
- 에릭 부스 지음, 강주헌 옮김, 『일상, 그 매혹적인 예술』, 에코의 서재, 2009

- 로렌스 자이프·실비아 판탈레오 지음, 조희숙 옮김, 『포스트모던 그림책』, 교문사, 2010
- 정민 지음, 『한시 미학 산책』, 휴머니스트, 2010
- 데이비드 루이스 지음, 이혜란 옮김, 『현대 그림책 읽기』, 작은씨앗, 2008
- 서정오 지음, 『옛이야기 들려주기』, 보리, 2011
- 조동일 외 지음, 『한국설화유형분류집』(한국정신문화연구원-한국구비문학대계 별책 부록), 한국정신문화연구원, 1989
- 조동일 지음, 『구비문학의 세계』, 새문사, 1980
- 한국정신문화연구원 지음, 『한국구비문학대계』, 한국정신문화연구원, 1982
- 이종란, 『전래동화·민담의 철학적 이해』, 철학과현실사, 2008
- 마리아 니콜라예바 지음, 김서정 옮김, 『용의 아이들』, 문학과지성사, 1998
- 신명호 지음, 『그림책의 세계』, 주니어 김영사, 2009
- 김용석, 『서사철학』, 휴머니스트, 2009
- 「그림책의 글은 무엇을 어떻게 말하는가?」(『한국어린이문학교육학회 제7차 학술대회 논문집』 수록)
- 「꿀밤나무」(1~10호)
- 「우리 어린이문학」(우리교육 2005-2호)
- 「창비어린이」(창비 2007봄-16호)
- 「창비어린이」(창비 2010여름-29호)
- 이경석, 「팝업북의 역사와 견본을 통해 분석한 기법연구 A Study on History of Pop-up Books and Technic of Paper-Engineering」, 서울시립대학교, 2010
- 신동흔, 「구전 이야기의 갈래와 상호관계에 대한 연구」(『비교민속학』 제22집 수록), 비교민속학회, 2002
- Uri Shulevits, 『Writting with Pictures-How to write and illustrate children's book』(Watson-Guptil Publication, 1985)

세상 모든 글쓰기
그림책 쓰기

1판 1쇄 발행 2020년 11월 20일
1판 2쇄 발행 2021년 12월 3일

지은이 이상희

발행인 양원석
디자인 남미현, 김미선
영업마케팅 윤우성, 박소정, 김보미
펴낸 곳 ㈜알에이치코리아
주소 서울시 금천구 가산디지털2로 53, 20층 (가산동, 한라시그마밸리)
편집문의 02-6443-8890   **도서문의** 02-6443-8800
홈페이지 http://rhk.co.kr
등록 2004년 1월 15일 제2-3726호

ISBN 978-89-255-8948-0 (13800)

※ 이 책은 ㈜알에이치코리아가 저작권자와의 계약에 따라 발행한 것이므로 본사의 서면 허락 없이는 어떠한 형태나 수단으로도 이 책의 내용을 이용하지 못합니다.
※ 이 책은 2011년 발행한 『그림책 쓰기』의 개정판입니다. 개정판 발행에 앞서 새로이 저작물 사용 허락을 구하였으나, 미처 허락을 구하지 못한 저작물이 있다면 출판사로 문의주시기 바랍니다.
※ 잘못된 책은 구입하신 서점에서 바꾸어 드립니다.
※ 책값은 뒤표지에 있습니다.